나의 한시 답사 이야기

김지장 · 최치원 · 백거이 · 이백

김세환 지음

신아사

나의
한시 답사
이야기

머리말

신라 성덕왕의 맏아들 김수충 왕자는 세속의 왕좌와는 인연이 없었지만 중국으로 건너가 地藏王지장왕이 되었다. 그가 일궈놓은 九華山의 佛國淨土불국정토는 현재 중국 4대불교성지의 하나가 되었고, 2013년 한 해의 탐방객 숫자가 800만을 넘어섰다. 그는 중생을 모두 구제하여 지옥이 텅 빌 때까지 成佛성불하지 않겠노라 하며 평생을 서민대중을 위한 수행으로 보냈다. 1200여 년이 지났지만 지금까지도 신라의 왕자는 지장보살의 現身현신으로서 수많은 어렵고 힘든 사람들에게 삶의 희망과 용기를 주고 있다.

우리는 옛날에 비해 오래 사는가? 孤雲 崔致遠 선생은 12세에 唐나라로 나 홀로 유학을 떠났다. 6년 만에 과거에 합격하여 弱冠의 나이에 벼슬을 받았다. 그렇다고 공부만 한 것은 아니다. 무덤 속 두 자매의 원혼을 위로하며 雲雨운우의 정을 나누기도 했던 多情다정의 청년이었다. 16년 만에 당 황제의 각별한 배려를 받아 使臣의 신분으로 고국에 돌아왔다. 그러나 이미 망국의 길로 들어선 고국에서 그가 할 일은 없었다. 갓과 신발만 놓아둔 채 합천 해인사의 안개 속으로 종적을 감추셨다.

字가 樂天인 白居易는 그 뜻대로 쉽고 낙천적인 생애를 살았다. 중앙보다는 지방의 관직을 선호하며 백성과 함께 했고 누구나 알아볼 수 있는 글을 썼다. 관직을 떠나서는 소박하고 한적한 생활로 자신의 세계를 찾았다. 그러나 그는 청년 시절의 못다한 사랑의 한을 평생토록 품고 지내야 했다. 「長恨歌장한가」와 「琵琶行비파행」은 당시 널리 알려진 낙천의 대표적인 시가였으나 실은 자신의 이루지 못한 평생의 한을 드러낸 것이었다.

인생이 힘들고 괴로울 때는 어찌 해야 하는가? 이백은 술을 마시며 시를 썼고 시를 쓰며 술을 마셨다. 이백의 사망원인은 술이었다고도 한다. 그러나 후세의 사람들은 그를 詩聖시성으로 추존했다. 평생을 절망으로 보낸 이백은 절망에 빠진 사람들에게 위안을 주었다. 술병을 당겨 그의 노래를 읊노라면 한 많은 인생도 소리 없이 흘러간다. 그리고 세상은 다시 아침의 연꽃처럼 밝아진다. 이백은 공자와 같은 이상형은 아니다. 그러나 장구한 세월 속에서 수없이 많은 사람들은 공자보다는 오히려 이백한테 기대며 안위를 받았다.

희로애락의 어느 정점에 이르면 짐승들도 노래를 한다. 사람이라면 오죽하겠는가? 현대인은 거의 발광하듯 노래를 한다. 노래만큼 재미있는 문화가 별로 없을 것이다. 한시도 노래이다.

그러나 대학의 교양강좌에서 '한시감상'을 내걸면 폐강되기 十常이다. 옛날의 노래는 본래 재미가 없었는가?

30년이 넘도록 한시(중국고전시가)를 강의하면서 많은 고충을 겪어야 했다. 강의실은 언제나 시간과 공간의 제약 속에서 답답하기만 했다. 즉 천 년 전 중국의 시가를 이해하려면 천 년 전 중국과 작가의 시대적 배경에 친숙해져 있어야 한다. 이를 무시하고 사전적인 의미로만 접근하는 것은 시가의 생명을 버리고 문자의 죽은 잔재를 더듬는 것과 마찬가지이다.

노래의 생명을 전하지 못하면 흥미는 사라지고 의미 없는 한문만을 강요하는 꼴이 된다. 그래서 역사의 현장이 중요했다. 중국의 한시와 관련된 학회를 해마다 찾아다니고 현장 답사를 했다. 역시 현장에서 보는 느낌은 달랐다. 구화산의 지장스님이나 쌍녀분에서 그려지는 고운 선생의 청년모습은 시가의 활력을 느끼게 해준다. 낙천과 이태백의 무덤에 獻酒헌주를 하고 곁에 앉아 飮福음복을 하다보면 잠시나마 역사와 가까이 있음을 느낀다.

정년이 내일 모레인 시점에서 이렇게 부실한 책을 내는 것이 부끄러울 뿐이지만, 한편으로 부족했던 강의를 보충한다는 점에서 약간의 위안을 찾는다면 이 또한 몰염치가 될까 두렵다.

檀君紀元 사천삼백사십칠년 孟冬 亦樂齋에서

金世煥 씀

차례

넷. 절망의 성인 태백 135

[부록] 한시의 원류 223

나의
한시 답사
이야기

하나.
구화산의 신라 왕자

1. 2001년의 구화산

2001년은 李白이백의 탄생 1300주년이 되는 해였다. 이백은 晩年만년을 지금의 馬鞍山마안산 근처에서 보내다가 작고하였다. 일설에는 이백이 술에 취해 물에 잠긴 달을 잡으려 들어갔다가 익사했다고 하지만 언덕이 높은 이곳의 지형으로 보면 실감나지 않는다.

馬鞍山市마안산시에는 이백기념관이 있고 30분 거리의 當途당도에는 이백의 墓묘가 있다. 1300주년이라면 100년 단위의 기념일이다. 한 평생에 한번만 만날 수 있는 날이니 여기에 참여하는 모두는 참으로 귀한 기회를 잡은 셈이나.

마안산시는 南京남경에서 長江장강 위쪽을 따라 한 시간 남짓의 거리에 있다. 홀수 년에는 이백학회가 있고, 짝수 년에는 唐代文學會당대문학회가 있었는데, 마침 1300주년이 홀수 년과 맞아떨어졌다. 그래서 올해의 이백학회는 특별히 성대한 잔치가 되었다. 식사는 대부분 초대로 이어졌고, 틈틈이 강과 산으로 이백의 晩年만년 자취를 찾아보는 뱃놀이나 소풍이 곁들여졌다. 학술행사를 마치니 다시 黃山황산과 九華山구화산을 찾는 답사 여행이 선택으로 준비되어 있었다.

황산은 이미 가본 곳이기도 했지만, 한국 사람은 구화산을 가보아야 한다는 주위의 권유가 있었다. 그 이유는 구화산에 올라서 곧 알게 되었다. 굽이굽이를 끊임없이 돌고 돌다가 거의 산 정상에 이

착월대: 태백이 뛰어들었다는 강가 절벽의 바위인데 높이가 만만치 않다.

르니 갑자기 시야가 트이면서 작지 않은 마을이 나타났다. 이곳이 바로 한국인에게는 매우 특별한 중국 땅이었다. 중국 불교 四大聖地사대성지의 하나인 여기 地藏道場지장도장의 開山祖師개산조사는 바로 1300여 년 전의 新羅신라 왕자였다.

여러 說이 있긴 하지만 이곳 구화산에는 이 왕자와 관련된 많은 일화가 전해지고 있었다. 신라 聖德王성덕왕(재위; 702 - 737)의 長子장자 金守忠김수충은 18세에 父王부왕의 명을 받아 당시 唐당나라의 수도인 長安(지금의 西安)에 파견되어 宿衛숙위(황제의 호위군)를 지냈다. 조공을 하는 신라의 처지에서 長子를 당에 보내는 것은 정치적인 이유가 있었을 것으로 생각된다.

21세에 어머니의 부름을 받고 귀국을 하였다가 이듬해에 부모님을 속이고 釜山부산(지금의 부산과는 관련이 없어 보임)에서 出家하였다. 719년에 '諦聽체청'(또는 善聽)이라 부르는 白狗백구 한 마리를 데리고 바다를 건너 중국으로 왔다. 처음에는 다른 곳을 경유하다가 마침내 구화산으로 와서 修道수도를 하였다.

스님은 후에 金喬覺김교각으로 많이 불렸다. '喬'에는 '大'의 뜻이 있어 大覺대각의 의미가 되며 이는 스님을 칭송하는 의미였다고 보인다. 스님은 九華山의 천태봉 아래에서 동굴을 하나 찾아내 수행에 들어갔다.

구화산은 본래 閔公민공(閔讓和)이라 불리는 사람의 개인 땅이었는데, 그는 자주 施齋시재(승려에게 음식을 공양하는 것)를 열었다. 민 공은 동굴 속의 스님도 齋會재회(佛家의 사람들이 하는 특정일의 모임)에 초청하였다. 스님은 민 공에게 자신은 단지 袈裟가사 자락으로 덮을 정도의 땅을 빌려 수행을 하고 싶다는 말을 했다. 민 공은 흔쾌하게 아무 곳이나 선택하시라 했다. 스님이 가사를 벗어 펼쳤는데 마침 지나던 구름이 달빛을 가려 구화산 전체가 가사의 그림자에 덮인 것처럼 보였다. 민 공이 크게 감동하며 구화산 전체를 시주하였고, 민 공 자신도 아들과 함께 스님을 스승으로 佛門불문에 들었다.

스님은 지옥이 텅 비기 전에는 성불하지 않겠노라(地獄不空지옥불공, 誓不成佛서부성불)며 더욱 수행에 정진하였다. 이로부터 구화산은 곧 스님의 영험한 佛力이 알려지면서 불공을 드리러 오는 사람들이 구름처럼 몰려들었다.

하루는 5, 6세쯤 되어 보이는 어린아이가 힘들다며 주저앉기를 반복하는데, 할아버지는 아이를 달래며 길을 재촉하고 있었다. 그러나 산중은 금시 어두웠고, 집채 만한 호랑이 한 마리가 어둠을 타고 내려왔다. 노인은 어린아이를 뒤로 돌리고 호랑이를 막아보려 했지만 힘 한번 쓰지 못하고 물려죽었다. 다만 비명소리를 듣고 달려온 스님에 의해 아이는 살아날 수 있었다.

스님은 자신의 집 위치를 설명하지 못하는 아이를 절에서 데리고 살 수밖에 없었다. 그로부터 몇 년이 지난 후 아이의 엄마가 찾아왔다. 알고 보니 아이의 아빠가 깊은 병에 들어 스님의 佛力에 의지하고자 할아버지가 먼 길을 손자와 오다가 虎患호환을 당했던 것이었다.

그 후로 위중했던 아이 아빠의 병은 영문도 모르게 완쾌되었고, 이제야 媤父시부와 아이를 찾아 나서게 되었다는 이야기다. 아이와 엄마는 서로가 한눈에 알아봤고, 아이는 힘들었던 산중의 생활을 접고 엄마를 따라 집으로 돌아가게 되었다.

부모 형제를 떠나 세속의 인연을 끊고 산속에서 수행으로 살아온 스님이었지만, 어린 아이의 천진난만함을 보면서 자식처럼 키워 온 아이가 떠나는데 피붙이에 못지않은 情懷정회가 있었을 것이다. 그러나 스님은 단지 한 수의 詩로 마음을 달래며 담담하게 아이를 보냈다.

아이의 下山을 배웅하며

적막한 절에 집 생각뿐이더니
절을 떠나 구화를 내려가누나
죽란의 竹馬 타기를 좋아하며
佛堂의 공부에는 게을렀거니
물병에 계곡의 달을 담지 말고
찻잔 속 꽃놀이도 그만 두어라
잘 가라 자꾸 눈물 흘리지 말고
노승의 벗으로 노을이 있나니라

送童子下山송동자하산

空門寂寞汝思家공문적막여사가,
禮別雲房下九華예별운방하구화.
愛向竹欄騎竹馬애향죽란기죽마,
懶于金地聚金沙나우금지취금사.
添瓶澗底休招月첨병간저휴초월,
烹茗甌中罷弄花팽명구중파롱화.
好去不須頻下淚호거불수빈하루,
老僧相伴有煙霞노승상반유연하.

『全唐詩』 卷808 - 49

空門: "모든 것은 空공이다(諸法皆空)"라는 佛經句에서 나온 말로 불교나 절간을 뜻한다.
雲房: 옛날 隱士나 승려가 묵는 곳을 말했다.
竹馬: 아이들이 말 타기 놀이할 때 사용하는 대나무 막대기이다. 함께 이런 놀이를 하던 어릴 적 친구를 '竹馬故友'라 한다.
金地: 석가모니의 수행을 위해 祇園精舍라는 절을 지을 때, 땅 주인인 제타 太子가 땅을 팔 마음이 없어 농담조로 땅에 금을 깔면 팔겠다는 말을 했다. 수닷타는 즉시 땅에 금을 깔기 시작했다. 태자가 감동하여 땅을 내놓았고 수닷타는 7층의 웅장한 寺院을 지어 석가모니한테 바쳤다. 석가모니는 여기에서 가장 오래 머물렀다 한다. 이로부터 佛堂을 金地라는 비유로 말하기도 한다.
瓶: 물을 길을 때 사용하는 도자기 병.
烹茗: 茶를 우려낸다는 뜻이다.
甌: 차를 마실 때 사용하는 사발 같은 찻잔.
弄花: 차를 우려낼 때 찻잔 속에 일렁이는 꽃모양의 물결.
煙霞: 저녁 무렵의 煙霧와 노을.

스님은 이렇게 산을 내려가는 어린아이를 배웅하였다. 절간은 아이에게는 그저 적막한 곳이었다. 집에서 부모와 함께 살면서 낮에는 이웃집 아이들과 대나무로 말 타기 놀이를 하던 아이였다. 당연히 염불을 이해하지 못하며 또 그럴 이유도 없었다. 불당에서는 게으를 수밖에 없었을 것이다. 이제 엄마를 따라 산을 내려간다. 스님은 아이를 보내며 순간 지나간 아이의 모습들이 하나하나 떠올랐다.

물을 길러 개울에 가면 바닥에 달이 잠겨있다. 물병에 물을 채우면 물병 속에 달이 들어간다. 아이는 물속에 잠긴 달을 보며 장난을 한다. 개울 속의 달이나 물병 속의 달 모두가 허상이다.

스님은 삶에서 허망한 것을 찾지 말라는 충고를 한 것이다. 그러나 詩句가 對聯대련의 형식이다 보니 예를 하나 더 들게 되었다.

스님은 차를 좋아하셨다. '烹茗팽명'은 차를 달인다는 뜻이다. 차는 처음에는 생잎을 달여 마셨다 한다. 그러나 생잎을 말려두면 생잎이 없는 계절에도 차를 마실 수가 있기 때문에 이를 널어 말렸다. 당시 찻잎을 말리던 바위가 있는데 건조 과정에서 바위가 노랗게 물들어 '黃石황석' 바위라 했다.

일설에는 스님이 가져다 심은 차가 '毛峰모봉'이었는데 지금 구화산 일대의 名茶명차로 알려진 '黃石毛峰' 차가 되었다 한다. 차를 달이다 보면 물이 끓어오르기 시작할 때 꽃문양의 물결이 일어나는데 이것을 하나의 技藝기예로 여겨 재주를 부렸던 모양이다.

그러나 어차피 물병속의 달과 같은 허상이니 헛된 재주에 의지하지 말라는 가르침이었다. 비록 어쩔 수 없이 머무르다가 집으로 돌아가는 길이었지만 이 또한 절에서 세상으로 돌아가는 還俗환속이다. 환속하는 아이에 대한 스님의 마지막 가르침이었다.

길을 떠나는 아이도 스님과의 작별이 쉽지 않다. 끊임없이 눈물이 흐른다. 스님이 눈물을 닦아주며 달랜다. 스님에게 세속의 인연은 햇빛을 타고 피어나는 노을과 같은 것이다. 날마다 나타나는 노을 속에 아이의 모습도 아롱거릴 것이다.

高麗시대의 白雲居士백운거사 李奎報이규보(1168 - 1241) 선생도 비슷한 비유를 들었다.

저녁 산 우물속의 달을 읊다

山僧이 달빛을 탐내더니
물병에 달까지 담았더라
절에 돌아와 알게 되겠지
병이 비면 달도 없는 것을

山夕詠井中月산석영정중월 (其二)

山僧貪月色산승탐월색, 幷汲一甁中병급일병중.
到寺方應覺도사방응각, 甁傾月亦空병경월역공.

『東國李相國集 · 後集』

중이 물병에 물을 담으니 우물에 잠긴 달이 함께 담겼다. 그러나 부엌으로 돌아와 병을 비우면 달도 함께 없어질 것이다. 인생에서 우리가 구하고자 하는 것들이 모두 이렇지 않는가? 물속의 달 같은 허상에 사로잡혀 한 평생을 보내다가 마지막 순간에야 그것이 실재가 아니었음을 깨닫는다. 우리가 보는 '色'은 결국은 '空'으로 사라지는 허상이 아니던

이성전 건물 : 구화산 초입 기슭에 있다.

이성전 안 : 스님의 두 외삼촌이 성인으로 모셔져 있다.

가? '色即是空색즉시공'이라는 「般若心經반야심경」의 구절을 되살렸다.

스님은 24세에 중국에 와서 75년을 중생을 濟度제도하는 수행으로 보냈으며 794년 99세에 坐化좌화(앉은 채로 入寂함) 하였다고 전해진다. 스님의 유언에 따라 스님의 몸은 항아리에 옮겨졌고, 3년 뒤 스님을 탑으로 모시기 위해 항아리를 열었는데 스님은 生時의 얼굴색이었다. 스님의 몸에 금물을 입혀 塑像소상으로 만들어 모셨으니 이곳을 '肉身寶殿육신보전'이라 한다. 그 후로 지금까지도 이곳에는 참배객들이 줄을 잇고 있다.

그의 좌측에는 민 공의 아들 道明和尚도명화상의 塑像소상이 있고 우측에는 민 공이 있으며 그들 앞에는 神犬신견 諦聽체청이 있다.

이곳에는 '二聖殿이성전'이라는 불당도 있다. 구화산에서 스님이 중생을 제도한다는 소식이 신라에까지 전해지면서 신라 사람들도 오게 되었다. 스님을 귀국시키려는 목적으로 두 외삼촌이 오셨다. 그러나 외숙들도 스님의 수행 정진과 제도 사업에 감복하여 이곳에서 스님을 따라 수행을 했다. 두 외숙이 입적한 후에 사람들은 이 두 분도 성인으로 여겨 '二聖殿'을 지어 두 분을 기리도록 했다.

구화산은 중국에서는 이처럼 유명한 곳이었지만 한국에는 최근에야 알려진 듯하다. 가까이에 있는 黃山은 한국인들의 발길이 끊이지 않지만 구화산은 아직 황산에 비교되지 않는다. 사실 황산은 자연경관을 보는 곳인데 언제나 날씨가 좋지 않아 안개나 비구름

속을 헤매는 것이 보통이다. 그러나 구화산은 고적 답사의 의미가 크기 때문에, 날씨와 상관없이 중국 속의 한국 유적을 보는 것과 같아 한국인의 긍지를 느끼게 해주는 곳이다. 스님 덕분에 이곳에서 한국인은 특별한 대접을 받았다(지금은 많이 달라졌다).

스님은 비록 청년 이후의 인생을 모두 중국에서 보냈지만 중국의 기록에는 스님이 한국사람(신라)이었음을 빠뜨리지 않았다. 구화산은 천수백 년 전부터 한류의 고장이었으며 그 열기는 아직도 식지 않고 있다. 한국과 중국은 수천 년의 교류(조공을 포함하여)를 통해서도 서로의 고유한 문화를 각자 유지하고 있다. 구화산은 중국에 있지만 일정부분은 한국 역사의 연장이며 지금도 그 역사가 이어지고 있는 것이다.

2001년 당시 구화산의 길가에 알알이 소시지 줄기처럼 생긴 다년생 풀뿌리를 팔고 있는 노인들이 있었다. 지장보살께서 식사대용으로 드셨던 것이라 했다. 호기심에 사가지고 왔는데 어디에 쓸지를 몰라 술에 담가놓고 몇 해를 마셨다. 최근에 스님 관련 논문을 찾다가 우연히 그 뿌리가 黃精황정이었다는 것을 알게 되었다. 중국이 원산지이며 우리나라에는 매우 드물어서 약용으로 쓸 때 보통 둥글레로 대체 사용한다고 한다. 인터넷에는 층층갈고리둥글레라고 나와 있다.

동의보감에는 둑대뿌리라고 번역이 되어 있고, 몸에 좋은 약효가 있어 일명 仙人飯선인반이라고도 한다고 한다. 이는 스님으로부터 유래된 명칭으로 보인다.

즉 스님은 평소 아침으로는 약간의 곡식과 白土를 넣어 밥을 했고, 저녁으로는 황정이나 果菜과채로 식사를 대용했다. 그런데도 스님이 99세에 입적하셨으니 건강에 좋은 장수하는 밥이라 해서 '仙人飯'이라고도 불렀다. 후대의 스님들도 지장보살을 따라 황정을 먹었는데 이를 황정밥이라 했고, 장수하는 스님이 많았다 한다.

2. 2008년의 광제사

2008년 10월 蕪湖무호의 安徽師範大學안휘사범대학에서 '唐代文學國際學術研討會'가 열렸다. 중국은 워낙 넓어서 학회에 참가하려면 경쟁률이 상당히 높다한다. 싱가포르나 대만의 화교 학자들도 상당수가 있고 외국인은 대체로 한국인과 일본인들이다. 약 120여 명의 학자들이 모두 3일에 걸쳐 발표를 했다. 사실 이 발표가 지루한 시간이다. 특별하게 솔깃할 만한 주제는 이미 없는 상황이고 보면 대부분이 고증 관련 논쟁거리에 불과하다.

이날은 내 발표를 끝내고 빠져나와 학교 뒤에 나지막한 산이 보여서 무조건 올랐다. 정상에 제법 분위기 있는 찻집 망루가 있었다. 차를 한잔 마시고 반대편 쪽으로 내려가다 보니 廣濟寺광제사라는 큰 절이 나왔다. 여기에서 다시 전혀 뜻밖에 지장스님의 유적을 보

광제사: 719년 24세의 지장스님이 장강을 거슬러 올라 이곳에서 3년을 수행과 설법을 하다가 구화산으로 가셨다 전한다.

광제사 구화행궁 : '小九華'라고도 하며, 특히 唐의 숙종은 이곳으로 금도장을 보내 스님의 大德을 찬양하였다.

게 되었다.

이 절에는 '九華行宮구화행궁'이라는 현판이 걸린 大殿대전이 따로 있었는데 바로 김 지장왕상을 모신 地藏殿지장전이었다. '行宮'이란 왕의 임시거처란 뜻이니, 즉 이곳이 한때 지장왕의 처소였음을 나타낸 것이다. 스님은 長江을 따라 올라오다가 이곳 蕪湖무호에 상륙하여 赭山자산의 남쪽 기슭에서 잠시(광제사의 안내판에는 3년이라 쓰여 있음) 머물렀던 것이다.

廣濟寺에는 또 다른 신비한 역사가 전해진다. 출가하기 전 김수충은 長安에서 宿衛숙위로 있을 때 玄宗현종의 두터운 총애를 받았었다. 그러나 安錄山안록산의 반란으로 현종은 피난을 가면서 帝位제위를 아들에게 빼앗겼다. 아들 肅宗숙종은 반란을 평정하고 나서 스님한테 금 도장을 새겨 보내주었다.

이 도장의 무게는 8근 8량이었으며 9마리의 용이 조각되어 있었고, "地藏利生寶印지장리생보인"(지장이 중생에 이로움을 주는 보배 도장)이란 여섯 글자를 새겼다 한다. 손잡이에는 "唐至德二年당지덕이년"(757)이라 부기되었다. 이 도장은 그동안 많은 우여곡절을 거쳤지만 아직 귀중한 보배로 전해지고 있으며, 현재는 도난의 위험 때문에 공안당국에 보관되어 있다고 전한다.

3. 2014년의 구화산

2014년 2월 나는 구화산을 다시 찾았다. 현금으로 주던 연구비가 갑자기 카드로 바뀌면서 연구비가 그림의 떡이 되어가고 있었다. 인문학분야는 理工이공분야와는 전혀 다르다. 고가의 장비나 실험약품이 필요한 것도 아니고, 실험실에 상주시키는 연구보조 인력이 따르지도 않는다.

우리는 다만 책을 사고 여행을 하며 학회에 참석하는 정도일 뿐인데, 그러한 소소한 돈을 몇 천만 원 단위의 예산을 집행하는 것과 똑같은 기준으로 한다. 조교로부터 그 까다로운 규정 설명을 듣고 나는 구화산에 다녀오는 것으로 연구비를 소진하기로 했다. 어차피 수업과 이 책의 집필을 위해서는 좀 더 생생한 현장 답사가 필요했다.

구화산은 한국에서 가기가 좀 불편한 곳이다. 南京남경으로 가서 약 300킬로미터 정도를 차로 가야 하는데 대중교통이 크게 불편하다. 적어도 두 번쯤은 갈아타야 하고 시간도 많이 걸린다. 나는 李白협회에 부탁해서 승용차를 대절했는데 결국 연구비가 모자랄 만큼 비용이 많이 들었다.

본래 계획은 가는 길에 최치원 선생과 관련이 있는 쌍녀분을 보고 구화산에 가는 것이었다. 그렇게 하면 비용이 많이 들어도 안위가 될 만했다. 공항에서 1시쯤에 출발하면 시간상으로도 충분했다. 그러나 기대는 완전히 빗나갔다. 운전기사가 쌍녀분을 모를 것이라는 것은 예상을 했지만, 길을 잘 안다던 기사는 공항을 나가자마자 헤매기 시작하더니 쌍녀분의 근처에도 못가고 낮 시간이 다 지나가고 있었다. 기사는 전체적인 지리감각이 아예 없었고 차에는 네비게이션도 없었다. 결국 두세 시간을 헤매다가 포기를 하고 밤중이 되어서야 겨우 구화산에 도착했다.

나는 구화산을 다시 둘러보면서 2001년의 기억을 되살려보려고 애썼다. 그만큼 기억이 잘 나지를 않았다.

아침에 호텔을 나서니 온산 전체가 눈에 덮여 있었다. 먼저 諦聽堂체청당이라는 조그만 건물이 눈에 들어왔다. 안에는 체청의 동상과 함께 설명이 붙어있었다. 체청은 지장왕이 신라에서부터 데려온 白犬백견이었다. 지장왕은 구화산에서 75년을 수행했는데 체청은 주야로 스님과 함께 했다. 스님께서 坐化좌화하시자 체청도 옆에서 쉬었다. 후인들이 절을 세워 백견도 함께 神犬신견으로 供奉공봉을 했다는 설명이다.

참으로 신기한 일이다. 지금도 개를 데리고 해외에 가는 것은 쉽지 않은 일이다. 당시 신라에서 중국까지는 사람도 가기 힘든 때이다. 그런데 그 먼 길을 개를 데리고 가서 한 평생을 함께 했다는 것은 신기한 일이 아닐 수 없다. 물론 개도 스님의 입적 때까지 함께 장수했다는 것은 잘 믿어지지 않는다. 어쨌든 체청은 그후로 지금까지 구화산에서 신성시 되고 있고 그 모습도 보통 개와는 크게 다르다. 어찌보면 용의 몸에 호랑이의 머리처럼 보인다.

체청당 : 체청당의 입구이다.

체청: 神犬으로 바뀌어 이마에는 뿔도 있다.

정찬주 선생의 『다불』이라는 소설을 읽었다. 소설에는 지장 외에 낭낭이라는 소녀가 등장한다. 지장은 낭낭으로부터 강아지 한 마리를 선물로 받았다. 지장은 낭낭과 미래를 약속한 사이였지만 곧 자신의 경솔한 행위로 돌리고 출가를 하여 낭낭으로부터 멀리 떠난다. 다만 지장은 낭낭이 준 강아지만은 평생을 데리고 다녔는데 바로 체청이었다. 참으로 감동적인 구성이긴 하지만 어디까지나 소설의 허구라는 점이 아쉽다.

어렵게 이루어진 작가와의 전화 통화에서 낭낭이라는 인물은 구화산의 '娘娘塔'에서 동기를 얻었다는 말을 들었다. 낭낭탑은 化城寺 앞 광장에 있었는데 지금은 탑의 터만 남아 있다. 이 탑에 두 가지의 전설이 전한다.

'娘娘'은 주로는 모친이라는 뜻으로 쓰이는 말이다. 스님의 어머니는 두 동생을 보내 스님을 데려오라 했지만 동생들마저 돌아오지 않자 어머니가 직접 구화산에 왔다.

스님은 어머니를 지극정성으로 모셨지만 돌아가자는 어머니의 간곡한 애원은 따르지 않았다. 매일같이 울며 지내던 어머니는 결국 퉁퉁 부은 눈에 병이 나서 앞이 안보였다. 스님은 매일 우물물을 길어다 어머니의 눈을 닦아 드렸고 눈병은 점점 나아졌다. 그러나 어느 날 어머니는 직접 물을 길으려다 그 우물에 빠졌다.

후에 구화산의 신도들이 우물 곁에 탑을 세워 스님의 어머니를 기리고자 했으니 이를 낭낭탑 즉 어머니 탑이라 불렀고, 우물 역시

낭낭탑: 탑은 사라지고 터만 남았는데 위에는 낭낭정이 그대로 있다.

'娘娘井낭낭정'이라 했다. 탑은 현대의 정치적 질곡 속에서 훼손되어 사라졌고 빈 터에는 우물의 유적이 남아 있다.

'娘娘'의 또 하나의 뜻은 王妃를 지칭하기도 한다. 스님을 좋아하던 여인(또는 부인)이 스님을 찾아 구화산에 왔는데 이미 출가한 스님한테 아무런 희망을 가질 수 없어 그만 우물에 빠져 죽었다. 스님이 여기에 탑을 세워 여인의 극락왕생을 빌었다는 전설이다. 지장왕으로도 불리는 스님을 흠모하던 여인이었으니 왕비에 비유하는 뜻으로 낭낭이라 한 것이다. 소설은 이 내용을 배경으로 하였다고 보인다.

여기에서 스님과 스님 어머니에 대한 전설을 우리나라『三國史記삼국사기』의 기록과 대조를 해보도록 한다.

스님이 김수충 왕자라고 가정을 하면 어머니는 成貞王后성정왕후다. 714년 김수충은 당나라에 보내져 宿衛숙위를 지내게 되었고, 이에 당나라 현종은 주택과 비단을 내리며 총애하였다. 당시 신라는 당나라에 정기적으로 조공을 하는 관계였다. 왕자를 당나라에 보낸 것은 정치적인 이유가 있었다고 보인다. 그러나 716년 왕은 성정왕후를 큰 재산을 주어 궁에서 내보냈다. 717년에 김수충이 당에서 돌아와 공자와 十哲십철 그리고 72賢현의 畵像화상을 바치니 이를 대학에 안치하였다.『三國史記삼국사기』에서의 김수충 기록은 이것으로 끝이다. 724년 성덕왕은 炤德王后소덕왕후 소생 承慶승경을 태자로 세웠고, 737년

왕이 붕어하자 태자가 왕위를 계승하니 孝成王효성왕이었다.

다시 정리를 하면, 김수충은 장자였으나 왕위 계승권 안에 들지 못하였고, 어머니는 출궁을 당해 민가에서 보내게 되었다. 아울러 이복동생인 승경이 왕위를 계승하여 효성왕이 되었고, 다시 후에 효성왕의 동생인 憲英헌영이 왕위를 계승받으니 景德王경덕왕이었다.

이를 다시 중국의 기록과 비교를 해본다.

794년 지장의 입적 후 813년 費冠卿비관경(생졸년미상) 進士진사가 「九華山化城寺記구화산화성사기」를 지었다. 여기에 "新羅國王子金氏近屬근속"이며, "時年九十九, 貞元十年夏"라는 기록이 있다. 즉 지장은 신라 국왕 김씨의 家屬가속이며 정원 10년(794)에 99세의 나이로 입적했다는 뜻이다. 이는 지장의 입적 후 겨우 20년만의 기록이기 때문에 신빙성이 크다고 볼 수 있다. 이를 기준으로 하여 지장은 696년에 태어난 신라의 왕손이라는 추정이 가능하다. 중국의 기록은 여러 가지가 있지만 대체로 이와 비슷하여 크게 벗어나지 않는다.

이러한 양국의 기록을 대조하면 우리의 『三國史記』에서 갑자기 사라진 김수충과 어머니의 기록이 중국에서 이어졌다고 보기에 별 무리가 없다. 왕권에서 밀려난 김수충은 출가를 하였고, 이미 중국에서 4년 가까이 지냈던 경험을 살려 다시 중국으로 왔다고 볼 수 있다. 중국어를 구사하고 불경 공부에 무리가 없었던 것이다.

구화산의 대표적인 유적은 '肉身寶殿육신보전'과 '化城寺화성사'라 할 것이다. 전하기로는, 至德지덕(756 - 758) 초에 靑陽縣청양현의 諸葛節제갈절이라는 村老촌로가 한 무리의 노인들과 산에 올라 유람을 하다가 동쪽 절벽 아래의 석굴 속에서 수행을 하고 있는 지장스님을 보게 되었다. 눈을 감고 홀로 앉아있는데 외다리 솥에는 白土와 소량의 곡식알갱이가 있었다. 이들은 엎드려 감복하였고, 곧 제갈절의 제안으로 힘을 모아 절을 지어 化城寺라 이름을 짓고 지장스님께 시주하였다.

스님은 만년에 이 절로 옮겨왔고 이 절에서 입적을 하셨다. 입적하시니 산이 울며 계곡이 붕괴되고 모든 새가 슬피 울며 땅에서는 火光이 일었다고 전한다. 입적 3년 후 797년 스님을 안치했던 석함을 여니 얼굴과 육신이 살아계실 때와 같아 보였다. 몸을 움직이니 뼈들이 쇳소리를 냈다.

스님께서 만년에 독경을 하시던 '南臺남대'에 3층 석탑을 지어 스님의 육신을 안치했다. 이 때 탑 주위로 '圓光원광(둥근 광채)'이 나타나 사람들은 南臺를 '神光嶺신광령'이라고 부르게 되었다. 아울러 탑은 '肉身塔육신탑'이라고도 하고, '地藏墳지장분'이라고도 했다.

宋代송대에 塔院탑원을 지었고, 明代에 이르러 탑 주위로 보호전각을 세웠다. 아울러 '護國月身寶塔호국육신보탑'이라는 賜額사액을 내려 지금까지 걸려있다. 여기에서의 '月'은 달이 아니고 '肉육'의 뜻이다. 무수하게 보수하고 확충을 하였지만 대체로 "修舊如舊수구여구(옛것을 옛것처럼 고친다)"는 원칙을 유지하였다 한다.

화성사: 구화산의 祖寺라서 다른 절은 모두 화성사를 향해 지었다.

육신보전 : 明代에 육신탑을 보호하기 위해 탑을 안에 두고 위와 같은 건물을 지은 것이다. 이후 수차례의 중수를 거치면서 오늘에 이르렀다. 사진에 보이는 "東南第一山"이라는 편액은 1919년 이 지방의 서예가였던 施玉藻의 글이다.

고루: 육신보전 양 옆으로는 鐘樓와 鼓樓가 있었다.

제갈절이 처음 스님을 발견한 곳은 天臺峰천대봉 아래였다. 스님은 한 번 하산을 하여 南京남경에서 四部사부의 경전을 필사해 와서 이곳에서 경전공부를 하였다. 세월이 오래다 보니 바위위에 스님의 발자국이 패이게 되었고 지금도 뚜렷하게 남아 있다. 속칭 古拜經臺고배경대라 하였는데 淸代청대에 절을 짓기 시작하여 여러 차례의 중수와 확충을 거쳐 현재의 규모에 이르렀다. 2001년에 보았으나 지금은 눈이 덮여 가기가 어렵다 해서 못 갔다.

구화산에서 내려오면서 입구에 있는 地藏菩薩銅像지장보살동상을 보러갔다. 어마어마한 규모에 가까이 갈수록 놀라움만 커졌다. 멀리서 보아도 산 아래 우뚝 솟아있는 동상의 규모는 세상을 압도하는 크기였다. 동상의 높이만 99미터인데 이는 구화산의 99봉우리와 지장스님의 입적 연세 99세에 맞춘 것이다.

동상에는 약 1000여 톤의 구리가 쓰였고 머리 부분에는 100키로그램이 넘는 황금을 사용했다 한다. 여기에 쓰인 예산은 우리 돈으로 대략 3000억이 넘은 것으로 보인다. 1995년쯤에 기획을 하여 2013년 8월 31일에 '開光慶典개광경전'을 거행하면서 국내외 99명의 불교태두를 초청하였다. 중생의 구제를 위해 한 평생을 수행으로 보낸 지장스님의 뜻과는 맞지 않아 보이지만 타국인임에도 불구하고 이토록 큰 조명을 받는다는 것이 우리나라 사람이 참으로 위대하다는 느낌이었다.

지장왕 동상: 1300여 년이 지난 지금도 지장보살의 자비가 세상을 헤아리는 듯하다.

지장왕 기념관: 동상 뒤로는 눈에 덮인 산봉우리가 보이고, 앞으로는 갖가지 모습의 분수가 치솟는다.

참고문헌

謝澍田 編著, 『地藏菩薩九華垂迹』, 華東師範大學出版社, 上海, 1994.

九華山佛教史編委會 編, 『金地藏硏究』, 黃山書社, 黃山, 1992.

姜宏豹 陳壽新 編著, 『九華山名勝傳奇』, 大衆文藝出版社, 北京, 2011.

焦得水 編著, 『地藏菩薩與九華道場』, 時代出版, 合肥, 2011.

金富軾 撰, 『三國史記』.

둘.
최치원의 꿈속 열애

1. 100년 전 소녀 자매의 원혼을 달래주다

蕪湖무호에서의 학술대회를 마치고 나는 南京남경으로 갔다. 孤雲고운 崔致遠최치원 선생의 유적을 돌아보기 위해서였다. 인터넷에서 우연히 고운 선생의 기념관이 揚州양주에 건립되었다는 소식을 본 적이 있다. 그러나 기념관보다 반드시 찾아보고 싶은 더 중요한 곳이 있었다.

『殊異傳逸文수이전일문』(김현양 외 共譯, 박이정, 1996)이라는 책이 있다. 『殊異傳』은 신라 말 고운 선생의 著作저작으로 추정되는 傳奇전기 형식의 敍事文集서사문집인데, 원본은 전해지지 않고 여기저기 산재해 있는 내용들을 모아 엮었기 때문에 '逸文'이라 했다 한다. 이 책의 「최치원」 편에 선생 스스로의 서술로 보이는 중국에서의 감동적인 귀신 자매와의 일화가 있다. 이 일화의 현장을 답사하는 것이 남경

쌍녀분 비석: 논 가운데의 조그만 동산에 있다. '쌍녀분'이라고 쓰인 비석은 현대에 세운 것이다.

쌍녀분 석문: 고운 선생이 시를 적었다는 석문이다. 자매의 원혼이 석문 안에 갇혀 있을 것만 같다.

에 온 나의 목적이었다. 일화의 원문 내용을 축약하면 이렇다.

최치원은 字가 孤雲인데, 12세에 서쪽 唐나라에 유학을 가서 874년 과거에 급제하여 水縣율수현의 縣尉현위로 임명받았다. 한번은 현의 남쪽으로 유람을 나가 招賢館초현관이라는 객사에 머물렀는데 그 앞 언덕에 雙女墳쌍녀분이라는 오래된 무덤이 있었다. 古今고금의 이름난 선비들이 많이 찾던 곳이었다 한다. 치원이 무덤의 石門석문에 시를 썼다.

두 자매 무덤

어느 두 아가씨인가 이 버려진 무덤
적막한 문틈 얼마나 봄을 원망 했나
자취는 사라지고 물속 달빛만 남아
흙먼지 덮인 무덤 이름조차 없구려
춘정이 행여 깊은 침소에 통하거든
긴 밤 나그네나 달래주지 않으려오
외로운 객사에서 운우의 만남이면
당신과 洛神 詩를 이어 읊고 싶소

雙女墳

誰家二女此遺墳수가이녀차유분, 寂寂泉扃幾怨春적적천경기원춘.
形影空留溪畔月형영공류계반월, 姓名難問塚頭塵성명난문총두진.
芳情儻許通幽夢방정당허통유몽, 永夜何妨慰旅人영야하방위려인.
孤館若逢雲雨會고관약봉운우회, 與君繼賦洛川神여군계부락천신.

시를 쓰고 숙소인 館관으로 돌아오니 달빛에 맑은 바람이 불었다. 산책을 하는데 홀연 한 여인이 나타났다. 자태가 빼어났고 손에는 붉은 주머니를 들고 있었다. 바로 무덤 속 두 아가씨의 답신을 가지고 온 시녀였다.

두 아가씨는 낮에 詩로 애도해준 치원에게 매우 고마워하면서 찾아올 뜻을 밝혔고, 치원은 화답의 시를 보냈다. 잠시 후 과연 두 자매가 찾아왔고, 치원은 두 자매와 함께 술과 시를 서로 주고받으며 허심탄회한 정을 나누었다.

밤이 깊어지자 치원은 인연 맺기를 청했고, 두 자매는 堯요 임금의 두 딸이 舜순 임금한테 함께 시집간 것을 예로 들며 허락하니 곧 이불 하나에 베게 셋을 놓고 운우의 정을 다했다. 날이 밝으면서 두 자매와 헤어진 치원은 다시 무덤가에 가서 쓸쓸하게 긴 시를 읊었다.

傳奇전기에 가까운 傳記전기 형태의 소설이라 하겠지만 수준 높은 시로 화답을 하는 내용은 생동감이 넘친다. 蕪湖무호의 학술대회에 오기 전부터 현장 답사를 위한 포석으로 南京師範大學남경사범대학의 党銀平당은평 교수를 염두에 두고 있었다.

党 교수는 南京大學에서 『崔致遠研究』라는 논문으로 박사학위를 받았다. 뿐만 아니라 『唐與新羅文化關係研究당여신라문화관계연구』라는 저술이 있고 아울러 『桂苑筆耕集校注계원필경집교주』를 출간한 중국의 최치원 전문가였다. 나는 이 두 권의 책을 통해 당 교수를 알게

되었다. 그런데 蕪湖의 학술회의 때 만났던 南京大學의 莫礪鋒막려봉 교수가 당 교수의 지도교수였다. 莫 교수는 나를 위해 당 교수와 약속을 잡아주었다.

남경에 와서 바로 당 교수를 만나 저녁을 먹으면서 비교적 상세한 애기를 들었다. 쌍녀분과 최치원 기념관은 남경에서 서로 반대의 방향에 있었다. 두 곳을 오가기에는 시간과 돈의 문제가 따랐다. 이튿날 나는 별로 주저하지 않고 두 자매가 있는 쌍녀분으로 향했다. 버스를 타고 高淳고순으로 갔다.

당 교수가 가르쳐준 高淳縣文物保管所고순현문물보관소의 濮陽康京복양강경 선생을 찾아갔으나 그는 발굴현장에 나가 있어 만날 수가 없었다. 할 수 없이 전화통화로 쌍녀분의 위치를 물었고, 택시를 타고 가면서도 몇 차례의 통화를 더 해야 했다. 비가 뿌리는 을씨년스런 날씨에 질퍽거리는 들판을 가로질러 겨우 무덤에 도착할 수 있었다.

한쪽으로 '雙女墳'이라 쓴 비석이 있고 조그만 언덕에 덤불을 헤치고 들어가니 詩에서 '泉扃천경'이라 했을만한 石門이 나타났다. 앞에는 '人'字 형태의 자그마한 연못이 있어 '溪畔月계반월'을 생각나게 했다. 孤雲 선생님과 連理연리의 情정을 맺은 여인들인데 술이라도 한 병 가져올 걸 하는 때늦은 후회를 했다.

삶과 죽음이란 자연의 서로 다른 양면이 아니겠는가? 이승에서는 피우지도 못하고 떨어진 꽃이 되었지만 잠시라도 고운 선생님과 같은 훌륭한 분을 만났으니 크게 위로가 되었을 것이라는 생각이 들었다. 당시에도 많은 사람들의 발길이 이어졌다 했지만 1200여 년이 지난 지금도 갈수록 더 많은 사람들이 여기를 찾을 것이기 때문에 더 위안이 될 일이다.

돌아오는 길에 잠시 寶塔公園보탑공원을 둘러보다가 수위실 같은 곳에서 한 아주머니한테 귀한 자료를 하나 얻었다. 『雙女墳與崔致遠쌍녀분여최치원』이라는 작은 책자인데 비매품이었다. 아저씨가 보는 책일 것 같아 정말 가져도 되냐고 물었더니 아무렇지도 않게 가지란다. 아무래도 아주머니가 좀 걱정이 되긴 했지만 필요하면 자기들은 다시 구할 수 있을 것이라고 안위를 했다. 이 조그만 책자에 쌍녀분과 관련된 귀한 자료들이 들어 있었다.

이 책자에 최치원 선생에 대한 소개와 더불어 「仙女紅袋선녀홍대」의 원문과 白話백화 번역문이 함께 실려 있었다. 그러나 여기의 「仙女紅袋」는 『太平通載태평통재』의 「崔致遠최치원」에서 절취한 것이었다. 「仙女紅袋」는 16세기 權文海권문해의 『大東韻府群玉대동운부군옥』에 있고 내용도 다소 다르지만 중국에서는 「仙女紅袋」로 많이 알려진 듯하다.

아울러 책자에는 쌍녀분의 발견 과정이 매우 상세하게 설명되어 있었다.

『殊異傳수이전』에서 보이는 고운 선생의 생생한 기록 때문에 이미 한국의 학자들이 여러 차례 와서 쌍녀분을 찾았다고 한다. 그러나 현지의 중국인도 모르는 쌍녀분을 외국인이 찾기는 어려웠을 것이다. 결국 한국인의 간곡한 부탁을 받은 北京大學북경대학 韓國語言文化系한국어언문화계의 韋旭升위욱승 교수가 高淳縣고순현에 와서 현지 기관의 협조를 받으면서 역사의 자취가 드러나기 시작했다. 이들은 淸청 光緖광서 때의『高淳縣志』卷十五 '古迹고적' 篇에서 확실한 기록을 찾아냈다.

> 雙女墓는 縣의 동쪽 30리 花山의 李氏 집 곁에 있다. 鷄林人 崔致遠이 唐의 乾符건부 시기 溧水의 縣尉로 있을 때 시를 지어 애도하였다. 꿈속에서 두 여인이 나타나 감사해 하면서 "우리는 본래 宣城郡선성군의 開花縣 馬陽鄕 장 씨 집의 두 딸이었습니다. 어려서부터 筆墨을 가까이 하여 커서는 文才가 있었는데, 부모님께서 鹽商염상 같은 소인배에게 시집을 보내려 하시매 원통하여 죽음을 택했고, 天寶 6년에 여기에 함께 묻혔습니다."라고 말하였다. 즐겁게 얘기를 하다가 새벽이 되어 헤어졌다.
>
> 雙女墓縣東三十里쌍녀묘현동삼십리, 花山李氏宅旁화산리씨택방. 雞林人崔致遠계림인최치원, 唐乾符中補溧水尉당건부중보률수위, 曾爲詩吊之증위시적지. 夜夢二女稱謝曰야몽이녀칭사왈: "兒本宣城郡開化縣馬陽鄕張氏兒女아본선성군개화현마양향장씨아녀, 少親筆硯소친필연, 長負才情장부재정. 父母妃于鹽商小豎부모비우염상소수, 以此憤恚而死이차분에이사. 天寶六年同葬于此천보육년동장우차." 宴語至曉而別연어지효이별.

여기에서 乾符 시기는 874 - 880년을 말하며, 천보 6년은 747년이다. 즉 고운 선생과는 100년이 훨씬 넘는 시기의 차이가 있다.

『高淳縣志고순현지』의 이 기록은 元代원대의『至正金陵新志지정금릉신지』와 宋代송대의『六朝事迹編類육조사적편류』(張敦頤 撰)에도 있다. 즉 중국의 자료는 모두 쌍녀분과 관련하여 '招賢館초현관'과 "鷄林人崔致遠계림인최치원"에 대한 확실한 역사적 기록이 있는 것이다. 다만 기록에서는 '溧水縣율수현'이라 된 곳이 후에 高淳縣에 병합되어 한국인이 찾을 때는 혼란이 있었을 것이다.

이렇게 하여 高淳縣의 文物保管所長문물보관소장 濮陽康京복양강경과 현지의 관련 인사들이 결국 쌍녀분을 찾아냈고, 이어서 韋위 교수도 이를 확인하여 한국의 제1차 孤雲국제학술회의에서 이를 발표하였다.

기록으로 볼 때 고운 선생이 쌍녀분을 찾은 고사는 중국의 宋代송대에서 淸代청대에 이르기까지의 각종 문헌에서 膾炙회자되다가 현대에 오면서 매몰된 것으로 보인다. 그러다가 한국인의 노력과 중국 측의 협조에 의해 결국 다시 발견되어 알려지게 된 것이다.

1997년 7월 高淳縣人民政府고순현인민정부는 묘를 정비하고 비석을 세워 이를 기념하였다.

선생은 字가 孤雲이며, 新羅 憲安王헌안왕 元年원년(857)에 慶州경주 沙梁部사량부에서 태어났다. 어려서부터 학문을 좋아했는데 12세에 商船상선을 타고 黃海황해를 건너 長安장안으로 유학을 왔다. 떠날 때 그의 부친은 말했다.

> 십년 안에 진사에 급제하지 않으면 내 아들이라 하지 말라. 나도 아들이 없는 것으로 하겠다. 가거라, 열심히 하라. 게으르지 않게 힘쓰도록 하라.

十年不第進士則勿謂吾兒십년불제진사칙물위오아, 吾亦不謂有兒오역불위유아, 往矣勤哉왕의근재, 無隳乃力무휴내력. 『桂苑筆耕 序』

12살의 아이를 외국으로 보내면서 父情부정은 보이지 않고 매서운 훈계만 바람을 가른다. 선생은 부친의 지엄한 분부를 받들었다. 다른 사람이 100번 하는 것을 1000번 하는 각오로 열심히 하여 6년 만에 급제했다. 관직을 받고도 촌음을 아껴 끊임없이 詩文을 지었는데, 선생은 『論語논어』에 "벼슬을 하면서 여유가 있으면 배움을 계속하라(仕優則學사우즉학)"는 뜻을 따랐다 했다.

선생은 淮南節度使회남절도사 高駢고병의 막부에서 4년 동안 관직을 수행하면서 公私공사간에 지은 詩文이 萬餘首만여수에 달하기도 했다. 특히 선생은 高駢의 文官 직무를 수행하면서 황제에게 올리는 상소문, 그리고 당시 10년을 끌어온 黃巢황소의 난과 관련한 檄文격문 등 수많은 문서를 직접 작성하여 高駢은 물론 황제의 주목을 받았다.

그러나 선생께서 중국 유학길에 오른 지도 16년이 지나고 있었다. 어린 나이에 와서 긴 세월이 아닐 수 없다.

비 내리는 가을밤

추풍에 단지 시를 읊조리니
세상에 知己가 적음이라

창 밖에는 한밤의 빗소리
등 아래는 만리의 그리움

秋夜雨中

秋風惟苦吟추풍유고음, 世路少知音세로소지음.
窗外三更雨창외삼경우, 燈前萬里心등전만리심.

시의 내용으로 보면 고운 선생이 중국에서 썼다고 보인다. 每句마다 異國이국에서의 客苦객고가 드러나 보이기 때문이다. 12세라는 어린나이에 모든 것이 낯설고 말도 통하지 않는 타국에 가서 과거 공부로 어린 시절을 그대로 보내야 했다. 선생의 가슴에 쌓인 외로움은 중국에 있는 한 털어낼 수 없는 일이고보면 할 수 있는 일은 자신의 방에서 밤이 늦도록 詩文으로 달래는 것이다. '苦吟고음'이 곧 이러한 상황을 말한 것이다. 즉 어쩔 수 없이 作詩작시에 전념한다는 뜻이다.

'知音'은 『列子열자 · 湯問탕문』의 한 故事고사에서 나온 말이다. 伯牙백아라는 사람이 악기를 잘 탔다. 친구인 鍾子期종자기는 백아가 연주하는 곡의 내용뿐만 아니라 백아의 생각까지도 모두 알아맞혔다. 종자기가 일찍 죽자 백아는 악기를 부숴버리고 다시 연주하지 않았다. 이제는 자신의 음악을 알아듣는 사람이 없었기 때문이었다.

이로부터 '知音'은 자신을 이해해 주는 '知己'의 뜻으로 쓰였다.

백아에게 知音이 겨우 한 명이었듯이 옛날이나 지금이나 知音을 만나는 것은 참으로 어려운 일이다.

소슬한 가을바람에 비까지 뿌리는 三更 한밤중이다. 고향은 아득하지만 기억만큼은 언제나 선명하다. 외로움이 倍加배가되면서 잠을 이룰 수가 없다.

2. 고운 선생의 귀국과 실종

선생은 28세 때(884) 귀국길에 올랐다. 황제는 國書국서를 전하는 使臣사신의 신분으로 특별한 예우를 해주었으며, 상관인 高駢고병은 막대한 재물과 아울러 세심한 배려를 해주었다. 고국은 먼 길이었다. 풍랑으로 배가 뜰 수 없는 상황에서 봄까지 기다렸다가 대여섯 달 만에 고향에 돌아왔다. 이제는 노인이 된 부친의 칭찬과 격려를 받았다.

그러나 고국은 이미 國運국운이 기우는 쇠퇴기에 접어들어 선생이 나라를 위해 일을 할 수 있는 기회가 없었다. 선생은 귀국 후에 여러 地方官지방관으로 돌다가 벼슬을 접고, 전국의 명승지를 돌며 松竹송죽을 심고 風月풍월을 읊었다.

慶州의 南山, 剛州강주(경북 義城)의 氷山, 陜川합천의 淸凉寺청량사와 海印寺, 智異山지리산의 雙磎寺쌍계사, 부산의 海雲臺해운대와 合浦縣합

포현(경남 馬山)의 月影臺월영대 등에 선생의 족적이 남아 있다. 선생은 晩年에 가족과 함께 가야산을 찾았다.

가야산에 부치다

첩첩 바위를 흘러 온 산을 울려
사람 말이 지척에도 들리지 않네
혹여나 속된 是非 소리 들릴세라
일부러 계곡물로 산을 둘렀구나

題伽倻山

狂奔疊石吼重巒광분첩석후중만, 人語難分咫尺間인어난분지척간.
常恐是非聲到耳상공시비성도이, 故教流水盡籠山고교유수진농산.

가야산 자체가 본시 바위산이어서 계곡에도 바위가 많고 경사가 급하다. 여름철 큰비라도 내리면 계곡물은 바위사이로 굉음을 내며 내닫는다. 가까이 서면 사람 말소리도 들리지 않는다. 본래 山寺산사란 조용히 수도하는 곳이다. 세상의 是非시비를 다투는 소리가 들려서는 안 될 일이다. 가야산을 둘러 흐르는 계곡이 산사를 세속으로부터 보호하는 차단막이 되고 있다.

이 詩는 가야산에 은거할 때의 작품으로 보인다. 해인사 쪽으로 올라가다 보면 왼쪽으로 紅流洞홍류동 계곡이 있고 初入초입에 籠山亭농산정이라는 정자가 있다. '籠山'은 위의 詩 "故教流水盡籠山"에서 취한 이름이다. 이 정자의 맞은편 바위에는 위의 詩가 새겨져 있다. 이 바위를 '題詩石제시석'이라 한다. 옆에는 '孤雲崔先生遯世地고운최선생둔세지'라고 새긴 柱石碑주석비도 있다. 즉 고운 선생이 세상을 등지고 은둔했던 곳임을 말해주는 비석이다.

가야산에서 선생은 어느 날 일찍 일어나 나갔는데 숲속에 벗어놓은 冠관과 신발만 보일뿐 사람은 간 곳이 없었다. 그 후로 선생의 종적은 다시 알려진 일이 없고 단지 신선이 되었다는 전설만 남아 있다. (『新增東國輿地勝覽4』)

중국에서는 선생을 기념하기 위해 2000년에 溧水縣政府율수현정부와 韓中崔致遠紀念事業會한중최치원기념사업회가 율수현의 옛 유적지에 선생의 동상을 세웠다. 또한 선생께서 관직을 옮겨갔던 揚州양주에서도 崔致遠紀念館이 건립되어 해마다 선생을 추모하는 祭享제향 및 기념활동을 한다고 전해진다.

참고문헌

『孤雲崔致遠先生文集』, 孤雲崔致遠先生文集中刊委員會, 부산. 1982.

김현양 외 共譯, 『殊異傳逸文』, 박이정, 서울. 1996.

崔致遠 撰, 党銀平 校注, 『桂苑筆耕集校注』, 中華書局, 北京. 2007.

蘇洪水 主編, 『雙女墳與崔致遠』, 高淳文史資料14輯, 內部資料. 1998.

『三國史記』

『新增東國輿地勝覽』

셋. 백거이의 슬픈 연가

1. 화청궁 연가 - 장한가

1997년 10월 나는 처음으로 중국의 사천성 萬縣만현에서 열리는 李白 학회에 참석할 기회를 가졌다. 당시 淸華大學청화대학과 南開大學남개대학에서 와있던 교환교수들한테 학회 소개를 부탁하여 초청을 받았는데, 막상 알고 보니 접근하기가 참 어려운 곳이었다.

우선 여정을 길게 잡았다. 上海상해에서 중국 국내선으로 바꾸어 타고 四川省의 城都성도로 가서 옛 蜀촉의 古都고도를 돌아볼 겸 이틀을 묵었다. 다시 버스를 타고 重慶중경으로 가서 하룻밤을 자고, 이튿날 揚子江양자강의 쾌속정이라는 것을 타니 6시간 만에 목적지인 萬縣에 도착했다. 300킬로가 넘는 물길이었지만 물살도 빠르고 배도 빨랐다. "李白과 三峽삼협"이라는 주제로 열린 국제학회였는데, 아직 내왕이 많지 않을 때여서 비교적 순박하면서도 정성을 많이

들인 분위기였다.

이틀쯤의 학술발표가 끝나고 답사여행에 나섰다. 배에서 2박 3일 동안 강을 따라 오르내리면서 여기저기 三峽 일대의 유적지를 탐방하다가 宜昌의창에서 내렸다.

그중에 西安서안에서 온 교수들이 서안에 가지 않겠느냐고 물어왔다. 아마도 인사로 하는 빈말이었지 싶었지만 나는 그 자리에서 좋다하고 따라서 기차에 올랐다. 밤에 타서 이튿날 저녁 무렵 내린 걸로 기억된다.

얼떨결에 따라왔지만 마음은 흥분에 들떴다. 西北大學서북대학 교수의 도움으로 대학 내의 숙소에 방을 잡았다. 시설이 좋은 편은 아니었지만 현관에는 경찰이 상주하고 있었다. 이튿날 먼저 華淸池화청지에 갔다. 당시의 교통여건은 매우 열악한 편이었다. 거의 봉고 수준의 차를 타고 참 오래 걸렸던 것 같다.

10월 하순의 화청지는 너무 추웠다. 그런데 홀연 목욕탕 간판이 눈에 들어왔다. 당 현종과 양귀비가 목욕하던 화청궁에서의 목욕탕이라니 비싸기는 했지만 망설일 일이 아니었다. 우리와 같은 대중탕이 아니고 개인의 방에 겨우 샤워정도 할 수 있는 시설이었다. 그런데 물을 틀어놓고 아무리 기다려도 찬물이 더운물로 변하지를 않는다. 옷도 벗은 채 추위에 떨기만 하다가 나왔는데 종업원의 말로는 더 기다리면 된다고 하였다.

2009년 王維왕유 학회에 참석하느라 다시 서안에 오게 되었다. 12년 전의 서안이 아니었다. 학회를 마치고 다시 그때 그 교수들의 초청으로 서북대학으로 왔다. 교수의 위상이나 학교의 재정이 옛날에 비해 상당히 좋아진 것 같았다. 한 번의 강연을 명분으로 융숭한 대접을 받았다. 나는 다시 혼자 관광을 나섰는데, 마침 華淸池화청지와 秦始皇兵馬俑博物館진시황병마용박물관을 묶어 일일관광을 하는 여행사의 버스가 있었다. 모든 것이 깨끗하게 정비되고 그때의 목욕탕은 보이지 않았다.

연화탕: 당현종이 목욕하던 욕조가 있는 곳이다.
1982년에 발견하여 발굴했다 한다.

서안은 13개의 王朝왕조에서 1200여 년에 걸쳐 서울이었던 도시이면서 아울러 중국 문명의 발상지이기도 하다. 漢한을 세운 劉邦유방은 이곳을 도읍으로 정한 후 '長安장안'이라 命名명명하였다. 그 후로도 여러 차례의 도읍을 거친 후 明명의 초기에 '西安府서안부'를 두면서 지명이 西安으로 개명되었다.

장안은 한나라 때에는 비단길의 기점이 되었고, 수도가 아닌 때에도 서북 변방의 국경을 관할하는 중요한 행정구역이기도 했다. '西安'은 "西部서부의 安定안정"을 기원하는 의미가 내포된 지명이었던 것이다.

장안의 역사가 오래된 만큼 지금의 서안에는 크고 많은 유적들이 있다. 秦始皇兵馬俑博物館진시황병마용박물관은 규모면에서 세계가 놀라는 유적이다. 진시황릉은 아직 엄두도 못 내고 있지만 만약 발굴이 된다면 지금까지 놀란 것은 아무것도 아닐 것이라는 생각들을 한다.

그러나 중국 사람들에게 1000년이 넘도록 心琴심금을 울린 유적지라면 화청지가 특별하다.

華淸池화청지는 周주나라 때부터 이미 온천이 개발되어 왕의 휴식을 위한 行宮행궁을 지어 이용했다 한다. 현종에 이르러 대규모의 토목공사를 하면서 온천연못을 만들고 산 주위에 궁전을 지어 아예 화청궁으로 불렀다. 현종은 매년 10월이면 이곳으로 옮겨와 연말까지 3개월을 양귀비와의 행락을 즐겼다. 41년의 재위기간 중 현종은 36차례 이상 이곳에 들렀다 한다.

지금의 화청지에는 '御湯遺址博物館어탕유지박물관'이란 건물 안에 당시의 浴室욕실을 발굴하여 재현해 놓았다. 황제의 욕실은 '蓮花湯연화탕'이라 하고, 양귀비의 욕실은 '貴妃池귀비지' 또는 '海棠湯해당탕'이라 한다. 지금은 서안에서 승용차로는 30분 거리이며, 버스의 배차 간격도 10분 정도이다.

806년 樂天낙천(白居易의 字)은 35세의 나이로 盩厔縣주질현의 縣尉현위로 부임하였다. 그해 겨울 陳鴻진홍과 王質夫왕질부 그리고 낙천 세 사람이 仙遊寺선유사에 놀러 나갔다가 현종과 양귀비의 비극적인 애정행각에 대한 얘기가 나왔다. 주질은 당시 장안에서 서쪽으로 100리도 되지 않는 곳이고, 아울러 양귀비가 처형을 당한 馬嵬驛마외역에서도 멀지 않으니 자연스럽게 화제가 되었을 수 있다. 왕질부가 술을 들어 낙천에게 권했다.

> 무릇 희대의 일은 뛰어난 인재를 만나 윤색이 되지 않으면 세월과 더불어 사라져 세상에 전해지지 않네. 낙천은 詩를 잘하고 情이 많으니 이를 노래로 지어봄이 어떠하오?
>
> 夫希代之事부희대지사, 非遇出世之才潤色之비우출세지재윤색지, 則與時消沒즉여시소몰, 不聞於世불문어세. 樂天深於詩낙천심어시. 多於情者也다어정자야. 試爲歌之시위가지, 如何여하? 「長恨歌傳」

낙천은 이렇게 「長恨歌장한가」를 짓게 되었고, 진홍은 「長恨歌傳장한가전」을 지어 자신들의 이러한 일화를 전했다.

현종과 양귀비의 사랑놀이는 거의 나라를 망하게 했다. 현종 자신도 황제의 자리를 아들에게 빼앗겼고, 양귀비는 비참한 최후를 맞았으며, 7년이 넘도록 백성은 싸움에 죽거나 굶어 죽어야 했다.

그러나 이러한 잘못된 남녀의 만남으로 나라를 잃은 예는 不知其數부지기수였다. 夏하 · 殷은 · 周주 세 나라의 마지막 제왕들 桀王걸왕 · 紂王주왕 · 幽王유왕은 각각 喜말희 · 妲己달기 · 褒姒포사의 세 여인을 만나 나라를 잃고 최후를 맞았다. 吳오나라는 아래에 인접한 越월나라와 엎치락뒤치락 수많은 전쟁을 했지만 마지막에는 단지 한 여인 西施서시로 인해 왕과 나라가 역사에서 사라졌다.

이러한 역사를 두고 옳고 그른 것을 따지는 것은 과연 얼마나 의미가 있을까? 사람들은 말을 할 때는 객관적인 논리를 중시하지만 막상 삶의 현장은 이와 전혀 다른 양상을 보여준다. 왕질부가 낙천이 정이 많다고 한 것은 바로 이 역사는 理性이성의 잣대보다는 정감의 눈으로 보아야 함을 말 것이다.

과연 낙천은 윤리나 도덕을 떠나 인간 본연의 시각으로 이 이해하기 어려운 역사를 오히려 감동적인 시로 옮겼다. 용납할 수 없는 역사이기에 오히려 감동이 더하는 것인지는 몰라도 당시에 남녀노소가 모르는 사람이 없을 정도로 널리 불렸다 한다.

840字의 「長恨歌」를 몇 단락으로 나누어 그 내용을 살펴본다.

長恨歌

漢 황제 好色에 미인을 찾더니
오랜 帝位에 얻지 못 하였더라
양씨 여식 이제 장성하였으나
深閨 여인 사람들이 모르더라
천생의 미모 어이 하지 못하니
一朝에 군왕 곁으로 뽑혔더라
흘깃 미소에 百媚가 피어나니
六宮의 여인들 빛을 잃었더라
쌀랑한 봄 화청지에 목욕하니
온천물에 매끄러운 하얀 피부
시녀의 부축에 교태 늘어지니
이제 막 총애를 받는 때이라
검은 머리 꽃의 얼굴 金步搖
따스한 부용장 안 봄밤 새니
밤 짧아 해 높아야 일어나고
총애 속의 시중에 틈이 없어라
봄이면 봄놀이 밤이면 밤마다
後宮 안의 미인이 삼천이건만
삼천의 총애를 한 몸에 받으니
金屋에 화장 교태로 모시는 밤
옥루 연회의 취기에 春情이라
형제자매들 모두 封土를 받아
환한 광채 家門을 밝히는구나
곧 이어 천하 부모들 마음에

득남보다 득녀를 더 바라거늘
驪宮 높이 청운에 둘러싸여
仙樂이 바람 따라 울리는데
느릿한 歌舞 악기에 엉기니
종일 군왕은 질리지도 않네
漁陽의 戰鼓 땅을 울려오니
霓裳羽衣曲이 놀라 멈추었네

왜 漢한의 황제라 했는가? 작가 낙천에게 현종은 같은 朝代조대의 황제이기 때문에 직접 풍자하는 것은 신하의 도리가 아니었다. 당시의 문인들은 이러한 경우 흔히 漢나라의 역사를 빙자했는데 이는 忌諱기휘의 의미이다. 마침 漢의 武帝무제는 현종과 비슷한 역사가 있었다. 여기의 漢皇한황은 바로 한 무제를 가리킨다.

당 현종은 唐이 건국된 후 일곱 번째의 황제였다. 唐은 高祖고조 李淵이연(566 - 635)에 의해 618년에 세워졌다. 隋수나라 말기 세상이 어지러울 때, 이연은 太原태원에서 군사를 일으켜 長安을 점령한 후 스스로 황제가 되어 국호를 唐으로 바꿨다. 李氏 王朝의 大唐 역사는 이렇게 시작되어 약 300년(618 - 907)을 유지했다. 대체로 왕조는 개국 후 흥성을 하면서 절반의 시점에서 어느 정도 태평성세를 이루고 후반기의 쇠퇴기로 이어진다.

현종은 28세의 나이로 712년에 황제로 즉위했다. 후반기로 넘어가는 과도기에 그리고 너무 젊지도 않고 늦지도 않은 적정한 나이

양귀비 상: 양귀비는 비교적 풍만한 몸매였다고 전한다.

에 황제가 되었다. 개국이후 계속 善政선정을 펼쳐온 先王들의 탄력을 받은 현종은 과감한 개혁을 통해 '開元盛世개원성세'(開元은 현종의 年號로 이때의 태평시기를 말한다)를 이룩했다.

약 5000만으로 추정되는 인구가 잠시나마 전쟁을 모르고 자원의 풍요를 누리며 살았다. 특히 당시 수도였던 장안은 長江의 하류인 揚州양주로부터 물자가 장강과 운하를 통해 장안까지 직접 운송되다보니 장안은 풍요를 넘어 온갖 사치로 넘치고 있었다. 현종의 '開元' 시기 29년은 이렇듯 성세를 이루었다.

현종은 무슨 이유인지 개원 29년에 연호를 天寶로 바꾸었는데 공교롭게도 이때부터 몰락의 길로 접어들었고, 아울러 唐당의 국운도 함께 쇠퇴하기 시작했다. 이렇듯 현종 개인과 아울러 당나라의 역사가 뒤바뀌는 시점에 바로 양귀비가 있었다.

"색이 좋아(重色중색)"라 한 것은 바로 이 시의 주제인 "長恨"의 단서를 암시한 것이다. 흔히 "好色"이라 하는데 동서고금을 막론하고 여색을 탐하지 않는 남자가 없겠지만 영웅호걸이라면 더욱 염문이 따르지 않을 수 없다.

양귀비는 735년 17살의 나이에 현종의 열여덟 번째 아들 壽王수왕(李瑁이모)과 결혼을 하였다. 당시 현종이 가장 총애하던 武惠妃무혜비(수왕의 生母)가 직접 나서서 성사시킨 결혼이기도 했다. 그러나 양귀비가 현종의 눈에 띄고 나서 두 사람의 결혼생활은 대략 5년 만에 끝이 났다.

개원25년(737) 총애하던 武惠妃무혜비가 죽었다. 현종은 政事정사에 의욕을 잃고 힘겨운 날들을 보내고 있던 차에 양귀비를 보게 되었다. 수왕도 양귀비를 보고 한눈에 반해 결혼을 했다. 그의 아버지 현종도 한눈에 넋을 잃었다. 현종은 음률에 조예가 깊었는데 양귀비는 미모도 출중하였지만 歌舞가무에도 뛰어나 현종이 매료되기에 충분한 조건을 구비하고 있었다.

그러나 아무리 황제라 해도 며느리는 며느리였다. 개원28년(740) 현종은 어머니의 50주년 忌日기일을 맞아 명복을 기원하는 제사에 양귀비를 出家출가시켜 道士도사로 임명하고, 아울러 '太眞태진'이라는 道號도호까지 내렸다. 즉 며느리를 출가시켜 둘의 인륜 逸脫일탈을 위한 신분 세탁을 한 것이다. 시에서 "양씨 여식 이제 막 장성하였으나 深閨심규의 여인 사람들이 몰랐더라."라 한 것은 이러한 신분 세탁 후의 양귀비를 묘사한 것이다. 특히 樂天낙천은 신하의 처지에서 先代선대의 황제에게 累누가 되는 표현을 할 수가 없는 일이었다.

아울러 이러한 신분세탁은 이미 선례도 있었다. 武則天무측천은 본래 太宗태종(재위 626 - 649)이 총애하던 여인이었다. 그러나 태종이 病中병중에 있을 때 그의 아들 고종과도 밀애를 하는 사이가 되었다. 태종이 붕어하자 26세의 武則天은 절에 보내져 비구니가 되었다.

하지만 이듬해에 다시 고종의 부름을 받고 궁궐로 돌아왔고, 32세 때는 황후를 몰아내고 자신이 황후가 되었다. 병약한 고종을 대신해 垂簾聽政수렴청정을 하다가 中宗중종과 睿宗예종 때에는 皇太后황태후로 攝政섭정을 했고, 후에는 아예 자신이 황제에 즉위하여 중국의 유일한 정통의 女皇帝여황제가 되었다. 현종은 武則天의 손자이다.

무측천은 아버지로부터 아들에게 옮겨진 여인이었고, 양귀비는 아들로부터 아버지한테 옮겨진 여인이었다. 낙천은 이러한 역사적 사실에서 인륜의 틀을 털어내고 단지 자연인의 시각으로 재구성했다.

즉 현종은 며느리를 불러들인 것이 아니고 道士로 다시 태어난 자유의 여인을 맞이한 것이다. 남녀 사이에 인륜이나 신분은 어차피 이차적인 것이라는 자연의 진리를 바탕에 두고 있다. 그래서 이

시는 역사와는 크게 다른 내용을 보여준다.

현종이 712년 즉위하고 755년까지 40년이 넘도록 겉으로 보아 나라는 안정된 가운데 전쟁을 모르며 태평으로 지나고 있었다. 그러나 속으로는 현종과 양귀비의 과도한 행락으로 점점 병들고 있었다. 현종이 양귀비를 道士로 脫俗탈속시켜 궁에 부른지 15년 만인 755년 範陽범양의 節度使절도사였던 安祿山안록산이 반란을 일으켰다.

범양은 지금의 북경을 중심으로 天津천진과 河北省하북성의 북부 일대를 아우르는 행정구역이었는데, 절도사는 병권을 관장하는 사령관과 같은 직책이었다. 안록산은 현종의 절대적인 신임과 총애를 받으며 자신의 세력을 키우다가, 마침내 약 15만에 이르는 군대를 이끌고 장안을 향했다. 안록산의 정예부대는 별 저항도 받지 않고 35일 만에 東都동도였던 洛陽낙양을 점령하고 '大燕대연'이라는 국호를 내세워 스스로를 황제라 했다.

구중 성궐에 戰火가 오르니
천승만기는 西南으로 향하더라
황제의 깃발 휘날리다 멈추니
서쪽 도성문 밖 백여 里인데
六軍이 안 가니 어찌 하리오
가녀린 눈썹 말 앞에 죽으니
꽃 금박 떨어져 줍는 이 없고
취교 금작의 비녀에 옥소두라
군왕 얼굴 가리며 어쩌지 못해

돌아보며 서로가 피 눈물이라
먼지 흩날리며 바람 소슬한데
구름다리 돌아 劍閣에 오르니
아미산에 지나는 사람 드물고
깃발은 빛을 잃고 날은 저무나
蜀江은 녹수 蜀山은 푸르건만
聖主는 조석으로 옛정뿐일지니
행궁 달빛에 마음이 저려오며
밤비에 풍경 소리 장이 에이니
해가 바뀌어 御駕를 돌렸더라
이곳 주저하며 가지 못하거늘
마외 기슭의 진흙더미 너머에
옥안은 없고 죽은 곳 비었으니
군신이 서로 보며 옷깃 적시어
동문으로 말에 맡겨 돌아오니
연못과 정원이 옛날과 같거늘
태액지의 부용꽃 미앙의 버들
부용은 얼굴 버들은 눈썹이라
이에 어찌 눈물 흐르지 않을까
춘풍에 桃李 꽃 피어나는 날과
가을비에 오동잎 떨어지는 때
시궁 南內에 가을 풀 무성하고
낙엽 섬돌에 붉건만 쓸지 않네
梨園의 藝人들 백발이 무성하고
椒房의 태감과 궁녀도 늙었구나
궁전의 밤 반딧불에 사념 깊고

등잔 심지 다 타도 잠 못 이루니
느릿느릿 鐘鼓소리 긴 밤 알리고
밝아오는 새벽별 날이 새려하네
차가운 원앙기와 된서리 내리니
비취 이불 춥거늘 뉘 함께 하나
아득한 생사별 또 한해가 가건만
혼백은 꿈에도 찾아오지 않거늘

756년 안록산은 潼關동관을 함락하면서 장안을 향했다. 이때 현종은 저항할만한 수단이 없었고, 단지 생명을 보전하는 길을 찾아 장안을 떠났다. 양귀비와 양국충을 비롯한 측근과 약간의 禁軍금군만으로 황망하게 도성문을 나서 서쪽으로 향했다.

장안은 분지형이어서 사방이 산으로 둘러싸여 있는데 서남쪽으로 내려가면 또 다른 분지형의 蜀촉의 땅에 들어가게 된다. 장안과 촉 사이의 험한 산줄기를 넘게 되면 반란군이 쫓아올 수 없는 요새에 들어가는 것이나 마찬가지이다. 이렇게 현종은 도적에게 나라의 심장인 황궁을 내주고 변방으로 도망치는 길을 선택했다.

그러나 탈출은 어려움의 연속이었다. 황급하게 떠나다 보니 우선 식량도 챙기지 못했다. 지방의 관리들도 대부분 살길을 찾아 피난을 가버려 관청은 텅텅 비어있었다. 황제도 신하들이 백성들에게서 얻어온 찬밥을 먹어야 했다. 그러나 시에서는 이러한 부분들이 모두 '千乘萬騎천승만기(천 대의 수레와 만 명의 기마병)'와 같이 윤색되어 황제의 위엄을 손상하지 않도록 했다.

도성문을 나서 100리 길도 가기 전에 이번에는 호위군사들이 일어났다. 평소 양귀비와 양국충에 불만이 많았던 군사들은 이미 양국충을 처단하고 다시 양귀비까지 내놓으라 한 것이다.

현종 자신의 신변조차 장담하기 힘든 상황에서 현종은 양귀비를 보호할 수가 없었다. 모든 재앙의 禍根화근으로 지목된 양귀비는 절간의 불당에서 목 졸려 죽었다. 분기탱천했던 군사들은 양귀비의 죽음을 보고서야 길을 나섰다.

그러나 어려운 일은 이것만이 아니었다. 오히려 더 큰 일이 일어나고 있었다. 반란군 토벌을 명분으로 길을 달리했던 장남이 아예 스스로 황제(肅宗숙종)로 즉위해버린 것이다. 안록산보다 아들에게 먼저 황제의 제위를 탈취당한 셈이 되었다. 현종은 太上皇태상황으로 추존되었다.

현종 역시 자신의 아버지인 睿宗예종이 즉위 3년도 되지 않아 제위를 물려받고 예종을 太上皇태상황으로 모셨다. 겉으로 보아서는 禪讓선양이었지만 사실은 政變정변을 통해 이루어진 登極등극이었다. 지금도 그때와 똑 같은 상황이 연출된 것이다. 다만 선양이 아니고 황궁 밖에서 스스로 즉위하였지만, 현종은 자신의 아들을 황제로 인정하고 받아들일 수밖에 없었다.

이렇게 현종은 蜀촉의 땅에서 한 해가 넘도록 고통의 날들을 보내다가 장안으로 돌아오게 되었다. 숙종이 반란군을 몰아내고 장안을 다시 되찾은 것이다. 돌아오는 길에 양귀비가 죽음을 당한 馬嵬驛마외역을 둘러보니 모두 눈물을 흘릴 뿐 위로의 말을 찾지 못한다.

현종은 본래의 興慶宮흥경궁으로 돌아왔지만, 아무런 권한이 없는 태상황의 거처는 인적조차 드문 폐궁이나 다름없었다. 연못의 부용꽃을 보면 양귀비 얼굴이 보이고, 뜨락의 버들을 보면 양귀비의 눈썹이 떠오른다. 후에는 太極宮태극궁으로 밀려나 거의 유폐를 당하다시피 했다.

朝廷조정은 과거의 황제를 예우보다는 구석에 유폐하여 격리시킬 필요가 있었다. 숙종이 순리에 따라 제위를 이어받지 않고 스스로가 아버지의 제위를 강탈했기 때문에 더욱 그러했다.

황제의 지위에서 하루 하침에 幽閉유폐의 생활을 하게 된 현종은 단지 양귀비 생각으로 밤에도 등잔불의 심지를 돋우며 새벽까지 잠을 못 이룬다.

> 홍도의 객 임궁 도사가 있어
> 정성으로 혼백을 부른다던데
> 군왕의 사무친 정에 감동되어
> 방사에게 널리 찾게 하였더라
> 허공을 갈라 번개처럼 내닫고
> 하늘과 땅속 끝까지 찾았더라
> 위는 靑天 아래는 황천이라
> 모두가 망망하니 보이지 않네
> 홀연 바다 위 仙山이라 들리니

산은 텅 빈 허공에 있다더라
누각 영롱하니 오색구름 안에
여린 선녀들이 많다 하는데
하나는 字가 太眞이라 하니
눈의 피부 꽃의 얼굴 같구나
금궐 서문에 玉扃을 두드리니
小玉이 雙成에게 전하더라
한나라 천자의 사신이라 하니
구화장 꿈속의 혼이 놀라
베개를 밀고 옷을 걸치며 머뭇
주렴 은병풍 하나씩 열리며
검은 머리 비끼어 막 깬 듯
花冠 기운 채 당에 내려오니
바람에 선녀 소매 하늘하늘
예상우의 춤을 추는 듯 하고나
옥의 얼굴에 눈물자국 처연하니
배꽃 한 떨기 봄비 머금은 듯
군왕께 정겨운 고마움을 말하니
"헤어져 音容이 아득 하였더이다
소양전의 은애가 끊어졌으니
봉래궁 日月은 길기만 하였어요
고개 돌려 인간세상 굽어보아도
장안은 없고 塵霧만 보였어요
옛 것으로 깊은 정을 전하려니
鈿合과 비녀를 보내 드립니다
비녀 한 가닥 전합 한 짝이니

금박 갈리고 무늬가 나뉘나
마음만은 금박처럼 굳건하기를
천상이건 인간세건 다시 만나리"
이별에 또 은밀한 말을 전하니
"칠월 칠일 장생전에서였더이다
인적 없는 한밤 속삭이기를
하늘이면 비익조로 태어나고
땅이면 연리지로 태어나리다"
장구한 천지도 다할 날 있건만
이 한은 면면히 다할 날이 없네

여기에서 작가 낙천은 漢한의 武帝무제(서기전156 - 전87)와 李夫人이부인 고사를 하나 더 끌어 썼다. 무제가 衛子夫위자부(思皇后사황후)의 죽음으로 힘든 날들을 보내고 있을 때, 李延年이연년(? －B.C. 87)이라는 樂官악관이 춤을 추며 노래를 지어 불렀다.

북방에 미인이 있으니

북방에 미인이 있으니
세상에 빼어난 하나였네
한 번 보면 城이 망하고
다시 보면 나라가 망하네
城과 나라가 망할지라도
미인은 다시 얻기 어려우리

北方有佳人 (佳人曲)

北方有佳人북방유가인,　　絶世而獨立절세이독립.
一顧傾人城일고경인성,　　再顧傾人國재고경인국.
寧不知傾城與傾國영부지경성여경국,　　佳人難再得가인난재득.

李延年이연년은 歌舞가무를 잘하여 무제의 총애를 받고 있었다. 사랑하는 여인을 잃고 시름에 빠진 황제한테 이연년은 슬며시 노래로 다른 미인을 천거한 것이다. 옆에 있던 사람이 무제에게 이연년이 자신의 여동생을 말하는 것이라는 귀 띔을 해주었다.

무제가 불러보니 과연 미모가 출중하였고 歌舞가무까지 잘하였다. 그로부터 무제는 李夫人(夫人은 황제의 妃嬪비빈에 대한 호칭이며, 죽은 후에는 孝武皇后효무황후라 추존되었지만 후대의 사람들은 주로 이 여인을 이부인이라 불렀다)과의 사랑에 빠졌다.

그러나 이 부인은 아들 하나를 낳고 중병을 얻어 夭折요절하였다. 죽기 전에 황제가 문병을 왔다. 이 부인은 이불로 얼굴을 가리고 "첩이 오래도록 병을 앓아 형색이 어지러워 황제를 뵐 수가 없습니다. 아들과 저의 형제들을 부탁드리고 싶습니다."라는 말을 하였다.

황제가 서운하여 천금을 주겠다고 하면서 자꾸 보자고 하였으나, 이 부인은 흐느끼면서 더 이상은 말도 하지 않았다. 황제가 불쾌하여 일어났다. 그 자매들이 이 부인을 책망하며 "황제를 뵙고 형제들을 부탁드리면 될 터인데 왜 황제께 이토록 노여움을 사는가?" 하였다. 이 부인이 대답하였다.

> 내가 황제를 뵙지 않은 것은 내 형제들을 위해서였다. 내가 미천한 신분에서 황제의 총애를 받은 것은 내 용모 때문이었다. 미색으로 사람을 섬긴 자는 미색이 퇴색하면 사랑도 식으며, 사랑이 식으면 은애도 끊어지는 것이다. 황제께서 나를 생각하시는 것은 내 평소의 용모였는데, 지금 내 헝클어진 모습과 달라진 안색을 보시면 바로 구역질을 하시며 나를 버리실 터인데 어찌 내 형제까지 기억하시겠는가?

이 부인이 죽자 과연 황제는 황후의 예로 장례를 지내주고, 甘泉宮감천궁에 이 부인의 초상화를 그려두고 매일 바라보았다. 그러나 그리움은 달래지지 않았다. 결국 무제는 方士방사를 시켜 이 부인의 혼백을 불러오게 했다. 휘장을 치고 酒肉주육을 갖추어 혼백을 부르는데 무제는 가까이서 보는 것이 허용되지 않았다. 단지 멀리서 이 부인의 자태와 비슷한 그림자를 볼 수 있을 뿐이었다. 여기까지가 『漢書한서』의 外戚傳외척전에 전하는 내용이다.

현종도 양귀비를 그리워하며 괴로운 밤을 이어가고 있었다. 이에 방사들이 양귀비를 찾아 나섰다. 하늘과 땅 속을 찾았지만 없었고, 까마득한 바다 위의 보일 듯 말듯 선녀들이 사는 곳에서 양귀비를 찾았다. 위의 이 부인 고사보다는 조금 더 확대되긴 했지만 거의 같은 내용이다.

이 시는 "漢皇重色思傾國한황중색사경국"으로 시작되었다. '重色'은 '好色'의 의미이다. 호색은 남녀 구분이 없겠지만, 대체적으로 남자들에게 쓰이는 말이며 사실 남자들은 거의 본능적으로 여자를 좋아할 수밖에 없는 운명을 안고 산다. 다만 대부분의 남자들은 규범과 양식의 틀 속에서 이를 절제하며 살 뿐이다.

하지만, 일부다처가 제도적으로 보장된 당시의 고관대작이나 황제의 경우는 이러한 구속을 받지 않았다. 특히 봉건제국의 황제는 넓은 영토를 통치하기 위해서도 많은 자녀들이 필요했다.

漢武帝한무제는 여러 여인들과 극진한 사랑을 나누었지만 언제나 다하지 못한 恨한을 남겼다. 특히 이 부인과는 각별하였던 만큼이나 짧았던 시간에 대한 한이 더욱 깊었다. 남녀 간의 사랑은 본래 밑 빠진 독에 물 붓기처럼 아무리 깊고 오랜 사랑을 나누어도 限이 없다.

현종은 740년 56세의 나이에 22세의 양귀비를 보고 반한 후 756년까지 짧지 않은 세월동안 양귀비와의 사랑에 빠져 지냈다. 그러나 세월이 좀 길었다 해서 못 다한 사랑에 대한 위안이 되지는 않는다.

낙천은 한 무제를 통해 현종을 바라보았다. 인위적인 구속이 없이 본성의 욕구를 따르는 제왕들에 대해 단지 자연인의 시각으로 함께 공감한다. 그러나 제왕도 극복할 수 없는 한계에서 사랑은 비극으로 끝난다. 차라리 평민이었다면 겪지 않을 비극이었을 것이다.

'長恨장한'은 여색을 멀리 하지 못한 제왕들의 숙명이었을지도 모른다. 자연인으로서의 본성과 제왕으로서의 책무 사이에 빚어진 갈등의 산물이다. 낙천은 이들이 피하지 못한 운명에 대해 깊이 공감하면서 역사를 윤색했다.

그러나 낙천도 이러한 역사의 되풀이를 보면서 한탄을 하지 않을 수 없었다.

살아 홀리고 죽어 홀리니
미인에게 홀려 잊지 못하네
목석이 아니라면 정이 있거늘
경국지색은 아니 만나니 못 하네

生亦惑생역혹, 死亦惑사역혹, 尤物惑人忘不得우물혹인망부득.
人非木石皆有情인비목석개유정, 不如不遇傾城色불여불우경성색.

「漢武帝初喪李夫人한무제초상이부인」

두 여인이 제왕의 극진한 사랑 속에서 죽었다. 죽기까지 밤낮을 함께 지냈지만 여인들이 떠난 자리는 너무 컸고, 제왕들은 그 빈자리에서 방황해야 했다. 여인들은 살아서는 물론 죽어서까지 제왕들의 혼을 놓아주지 않았다.

그러나 낙천의 한탄은 자신에 대한 것이기도 했다. 낙천은 일찍부터 사랑하는 여인이 있었지만, 어머니의 반대로 이루지 못한 채 평생 가슴에 묻고 살아야 했다. 「長恨歌」에서의 한은 어찌 보면 자신의 못 다한 사랑에 대한 한의 표현이기도 하다. 당 현종과 양귀비의 인륜 逸脫일탈에 대한 관용은 낙천이 몸소 겪은 어머니의 구속에 대한 반작용의 한 단면일 수도 있다.

長恨歌장한가

1 漢皇重色思傾國한황중색사경국, 御宇多年求不得어우다년구부득.
2 楊家有女初長成양가유녀초장성, 養在深閨人未識양재심규인미식.
3 天生麗質難自棄천생려질난자기, 一朝選在君王側일조선재군왕측.
4 回眸一笑百媚生회모일소백미생, 六宮粉黛無顔色육궁분대무안색.
5 春寒賜浴華淸池춘한사욕화청지, 溫泉水滑洗凝脂온천수활세응지.
6 侍兒扶起嬌無力시아부기교무력, 始是新承恩澤時시시신승은택시.
7 雲鬢花顔金步搖운빈화안금보요, 芙蓉帳暖度春宵부용장난도춘소.
8 春宵苦短日高起춘소고단일고기, 從此君王不早朝종차군왕불조조.
9 承歡侍宴無閒暇승환시연무한가, 春從春遊夜專夜춘종춘유야전야.
10 後宮佳麗三千人후궁가려삼천인, 三千寵愛在一身삼천총애재일신.
11 金屋粧成嬌侍夜금옥장성교시야, 玉樓宴罷醉和春옥루연파취화춘.
12 姊妹弟兄皆列土자매제형개열토, 可憐光彩生門戶가련광채생문호
13 遂令天下父母心수령천하부모심, 不重生男重生女불중생남중생녀.
14 驪宮高處入靑雲여궁고처입청운, 仙樂風飄處處聞선악풍표처처문.
15 緩歌慢舞凝絲竹완가만무응사죽, 盡日君王看不足진일군왕간부족.
16 漁陽鼙鼓動地來어양비고동지래, 驚破霓裳羽衣曲경파예상우의곡.
17 九重城闕煙塵生구중성궐연진생, 千乘萬騎西南行천승만기서남행.
18 翠華搖搖行復止취화요요행부지, 西出都門百餘里서출도문백여리.
19 六軍不發無奈何육군불발무내하, 宛轉蛾眉馬前死완전아미마전사.

20 花鈿委地無人收화전위지무인수, 翠翹金雀玉搔頭취교금작옥소두.
21 君王掩面救不得군왕엄면구불득, 回看血淚相和流회간혈루상화류.
22 黃埃散漫風蕭索황애산만풍소색, 雲棧縈紆登劍閣운잔영우등검각.
23 峨嵋山下少人行아미산하소인행, 旌旗無光日色薄정기무광일색박.
24 蜀江水碧蜀山靑촉강수벽촉산청, 聖主朝朝暮暮情성주조조모모정.
25 行宮見月傷心色행궁견월상심색, 夜雨聞鈴腸斷聲야우문령장단성.
26 天旋地轉回龍馭천선지전회룡어, 到此躊躇不能去도차주저불능거.
27 馬嵬坡下泥土中마외파하니토중, 不見玉顔空死處불견옥안공사처.
28 君臣相顧盡沾衣군신상고진첨의, 東望都門信馬歸동망도문신마귀.
29 歸來池苑皆依舊귀래지원개의구, 太液芙蓉未央柳태액부용미앙류.
30 芙蓉如面柳如眉부용여면류여미, 對此如何不淚垂대차여하불루수.
31 春風桃李花開日춘풍도리화개일, 秋雨梧桐葉落時추우오동엽락시.
32 西宮南內多秋草서궁남내다추초, 落葉滿階紅不掃낙엽만계홍불소.
33 梨園弟子白髮新이원제자백발신, 椒房阿監靑娥老초방아감청아로.
34 夕殿螢飛思悄然석전형비사초연, 孤燈挑盡未成眠고등도진미성면.
35 遲遲鐘鼓初長夜지지종고초장야, 耿耿星河欲曙天경경성하욕서천.
36 鴛鴦瓦冷霜華重원앙와냉상화중, 翡翠衾寒誰與共비취금한수여공.
37 悠悠生死別經年유유생사별경년, 魂魄不曾來入夢혼백불증래입몽.
38 臨邛道士鴻都客임공도사홍도객, 能以精誠致魂魄능이정성치혼백.
39 爲感君王輾轉思위감군왕전전사, 遂敎方士殷勤覓수교방사은근멱.
40 排空馭氣奔如電배공어기분여전, 升天入地求之遍승천입지구지편.
41 上窮碧落下黃泉상궁벽락하황천, 兩處茫茫皆不見양처망망개불견.
42 忽聞海上有仙山홀문해상유선산, 山在虛無縹緲間산재허무표묘간.
43 樓閣玲瓏五雲起누각영롱오운기, 其中綽約多仙子기중작약다선자.
44 中有一人字太眞중유일인자태진, 雪膚花貌參差是설부화모참차시.
45 金闕西廂叩玉扃금궐서상고옥경, 轉敎小玉報雙成전교소옥보쌍성.

46 聞道漢家天子使문도한가천자사, 九華帳裏夢魂驚구화장리몽혼경.
47 攬衣推枕起徘徊남의추침기배회, 珠箔銀屛迤邐開주박은병이리개.
48 雲鬢半偏新睡覺운빈반편신수각, 花冠不整下堂來화관불정하당래.
49 風吹仙袂飄飄擧풍취선몌표표거, 猶似霓裳羽衣舞유사예상우의무.
50 玉容寂寞淚闌干옥용적막루란간, 梨花一枝春帶雨이화일지춘대우.
51 含情凝睇謝君王함정응제사군왕, 一別音容兩渺茫일별음용량묘망.
52 昭陽殿裏恩愛絶소양전리은애절, 蓬萊宮中日月長봉래궁중일월장.
53 回頭下望人寰處회두하망인환처, 不見長安見塵霧불견장안견진무.
54 唯將舊物表深情유장구물표심정, 鈿合金釵寄將去전합금채기장거.
55 釵留一股合一扇채류일고합일선, 釵擘黃金合分鈿채벽황금합분전.
56 但教心似金鈿堅단교심사금전견, 天上人間會相見천상인간회상견.
57 臨別殷勤重寄詞임별은근중기사, 詞中有誓兩心知사중유서량심지.
58 七月七日長生殿칠월칠일장생전, 夜半無人私語時야반무인사어시.
59 在天願作比翼鳥재천원작비익조, 在地願爲連理枝재지원위연리지.
60 天長地久有時盡천장지구유시진, 此恨綿綿無絶期차한면면무절기.

2. 백거이 30년의 사랑가

낙천은 772년 鄭州정주(河南)의 新鄭縣신정현에서 태어나 자랐다. 그러나 당시 唐당나라는 여기저기에서 반란이 일어나 매우 어지러웠다. 이로 인해 낙천이 10여 세 때부터 徐州서주의 符離부리(安徽省 宿縣)에서 관직 생활을 하던 부친과 합류하여 살기도 했다. 그곳에서 낙천은 湘靈상령이라는 소녀를 만나 사귀었다. 19살의 낙천은 시를 지어 15살의 상령에 대한 찬미와 깊은 애정을 보였다.

이웃 소녀

열다섯 아리따움은 선녀를 능가하니
낮에 나온 항아요 땅에 핀 연꽃이네
어디에서 앵무새한테 말을 시키는가
푸른 비단 창 아래 침상 위에 있구나

鄰女

娉婷十五勝天仙빙정십오승천선, 白日嫦娥旱地蓮백일항아한지연.
何處閑教鸚鵡語하처한교앵무어, 碧紗窗下繡床前벽사창하수상전.

19살의 청년과 15살의 소녀라면 한 생애에서 가장 아름다우면서도 순진무구할 때다. 항아는 羿예가 얻어온 불로초를 훔쳐 달로 달아났던 미인이다. 낙천에게 상령이 예쁘기로는 달 속의 항아가 낮에 나온 것 같다. 청초하기로는 물속의 연꽃이 땅 위에 피어난 듯하다. 당시 많은 집에서 앵무새를 길렀다고 한다. 낙천은 방안에서 앵무새를 데리고 노는 소녀를 엿볼 정도로 가까이 지냈다.

낙천은 어머니한테 상령과의 결혼을 허락받으려 했다. 그러나 양반과 평민이라는 신분의 차이에 대해 어머니는 완강하셨다. 이로부터 어머니와의 줄다리기 같은 저항이 오래도록 계속되었다.

798년 27세 때 符離부리를 떠나 江南강남의 숙부한테 가면서 연이어 세 수의 시를 지어 상령에 대한 애틋한 마음을 나타냈다.「寄湘靈기상령」,「寒閨夜한규야」그리고「長相思장상사」이다.

상령에게

눈물도 추위에 얼어붙었지만
높은 곳마다 다시 돌아보오
나와 헤어진 후 서루에 올라
난간위에 홀로 서러워하겠지

寄湘靈

淚眼淩寒凍不流누안릉한동불류, 每經高處即回頭매경고처즉회두.
遙知別後西樓上요지별후서루상, 應憑欄杆獨自愁응빙난간독자수.

아마도 추운 계절의 이별이었나 보다. 대충 8년을 사귀면서 결혼도 하려 했던 여인과의 이별이라면 추위에 눈물이 얼었다기보다는 말랐다고 할 수 있겠다. 걸음도 허공을 걷는 듯할 것이다. 길이 조금만 높이 올라도 뒤를 돌아본다. 멀리 상령도 내가 떠난 길 쪽의 누대에 올라 하염없이 서쪽을 바라보고 있을 것이다.

추운 규방의 밤

한밤의 차가운 이부자리
혼자서 잠 못 이루는
향은 불에 다 태우고
수건의 눈물을 얼리며
서러운 그림자와 짝하여
밤새도록 등불을 밝히리

寒閨夜

夜半衾裯冷야반금주냉, 孤眠懶未能고면라미능.
籠香銷盡火농향소진화, 巾淚滴成冰건루적성빙.
爲惜影相伴위석영상반, 通宵不滅燈통소불멸등.

낙천은 깊은 밤 차가운 이부자리 곁에서 잠을 못 이루고 있을 상령을 생각했다. 한 소쿠리의 향을 다 태우며 눈물 젖은 수건은 이미 얼어 빳빳해졌지만 아직도 그림자를 드리우고 앉아 있을 상령을 생각한다. 밤이 새도록 등잔불을 끄지 못할 것이다.

이를 생각하고 있는 낙천도 불을 밝힌 채 밤을 지새우고 있는 중이다. 시의 내용을 생각하면 낙천과 상령은 단지 서로 연모하는 청년과 소녀 이상으로 가까운 사이였음이 분명하다.

오랜 그리움

9월 서풍이 불어오니
달빛 차고 서리가 무거워요
당신 생각에 가을밤 기나길고
하룻밤에 혼은 九天에 올라요
이월 동풍이 불면
풀잎 나고 꽃 망울 열리니
당신 생각에 봄날은 더디고
하루에도 애간장 태우기 9번
첩은 낙교의 북쪽에 살고
당신은 낙교의 남쪽에 살아
15세에 서로 알게 되었으니
금년이 스물 셋이어요
마치 송라와도 같군요
소나무 곁에 생겨나서
짧은 줄기 높은 가지에 힘들어
돌고 돌아도 오르지 못 합니다
사람마다 소원이 있다하는데
소원이 지극하면 성취 된답니다
원하기로는 멀리 짐승이 되어
걸음걸음 나란히 하고 싶어요
원하기로는 깊은 산 나무 되어
가지가지 서로 엉기고 싶어요

長相思

九月西風興구월서풍흥, 月冷霜華凝월냉상화응.
思君秋夜長사군추야장, 一夜魂九升일야혼구승.
二月東風來이월동풍래, 草坼花心開초탁화심개.
思君春日遲사군춘일지, 一日腸九回일일장구회.
妾住洛橋北첩주낙교북, 君住洛橋南군주낙교남.
十五即相識십오즉상식, 今年二十三금년이십삼.
有如女蘿草유여녀라초, 生在松之側생재송지측.
蔓短枝苦高만단지고고, 縈回上不得영회상부득.
人言人有願인언인유원, 願至天必成원지천필성.
願作遠方獸원작원방수, 步步比肩行보보비견행.
願作深山木원작심산목, 枝枝連理生지지연리생.

상령의 나이 열다섯에 서로 사랑을 하게 되어 8년이 지나 지금 스물 셋이 되었다. 그러나 자신의 처지가 소나무에 기어오르는 송라의 신세와 같다. 송라는 소나무를 감아 오르는 덩굴식물이다. 높기만 한 소나무를 타고 오르는 송라의 모습이 힘겨워 보인다.

8년이 넘는 세월을 낙천과 함께 했지만 신분의 차이는 더 이상 오를 수 없는 한계가 있었다. 낙천의 집안은 3대에 걸쳐 지방의 관리를 지낸 벼슬 가문이었지만, 상령은 단지 평민의 딸에 불과했다.

그러나 아무리 현실의 넘을 수 없는 벽이 있다 해도 자연에는 음양의 이치가 있다. 현세에 어려우면 來世가 있다. 至誠지성이면 感天감천이니, 소원이 지극하면 반드시 이루어진다 했다. 내세에서는 한 쌍의 짐승으로 태어나자. 그래서 어디를 가든지 한걸음 한걸음을 모두 나란히 다니자. 아니면 깊은 산속 한 쌍의 나무로 태어나 가지마다 함께 엉키어 살아보자.

여기에서도 낙천은 상령의 처지에서 상령의 심정을 헤아렸다. 낙천은 언제나 상령의 가슴 속에서 상령을 그리워했다. 몸은 떨어져 있지만 마음은 항상 상령에게 가 있었던 것이다.

짐승과 초목으로 태어난다면 적어도 지금의 인간사회와 같은 허울이나 가식의 구속 없이 편하게 본성을 따라 살 수 있을 것이다.

몰래하는 이별

울지도 못하며 몰래 하는 이별
말도 못하는 숨은 그리움
우리 둘 말고는 아무도 모르오
한밤 깊은 새장에 갇혀 홀로 된 새
칼날에 잘려버린 봄의 연리지
강물은 탁하지만 맑을 날도 있으려니
까마귀 검지만 희어질 때도 있으려니
단지 남모르는 이별과 숨은 헤어짐에
피차에 기꺼이 기약을 두지 않으려니

潛別離

不得哭부득곡, 潛別離잠별리. 不得語부득어, 暗相思암상사.
兩心之外無人知양심지외무인지.

深籠夜鎖獨棲鳥심롱야쇄독서조, 利劍春斷連理枝이검춘단연리지.
河水雖濁有淸日하수수탁유청일, 烏頭雖黑有白時오두수흑유백시.
惟有潛離與暗別유유잠리여암별, 彼此甘心無後期피차감심무후기.

804년 33세 때, 낙천이 장안에서 교서랑을 하고 있었기 때문에 부리에서 장안 부근으로 이사를 해야 했다. 이때 낙천은 다시 어머니한테 상령과의 결혼을 간청했으나 어머니는 받아들이지 않았고, 이사할 때는 아예 만나지도 못하게 하였다. 낙천은 결국 이사를 마치고 마지막으로 떠나는 날 몰래 상령과 작별을 해야 했다. 둘은 남들이 들을까봐 울거나 말도 할 수 없었다.

지금까지는 밖에 나가 있어도 집이 부리에 있었기 때문에 돌아오게 되어 있었다. 그러나 이제 이사를 하게 되면 다시 돌아올 일이 없을 것이다. 낙천이 떠난 부리는 상령에게 한밤중의 새장과도 같은 곳이 될 것이다. 이제까지 낙천을 통해서 세상을 살아왔는데 낙천이 없는 부리는 상령에게 갇혀 지내는 것과 다름이 없게 된 것이다. 즉 그리움이라는 제약된 공간에서 살아야 하는 상령은 자유인이 아니다.

'連理枝연리지'는 뿌리는 다르되 줄기는 하나가 되어 자라는 나무다. 낙천은 「長恨歌」에서도 "在地願爲連理枝재지원위연리지(땅에서는 연리지가 되기를 바란다)"라 했다. 낙천 이전에 연리지는 이미 오랜 전설의 역사가 있었다.

宋송나라 康王강왕(? - B.C. 286)의 舍人사인(官名관명)으로 韓憑한빙이란 사람이 있었는데 何氏하씨를 아내로 맞았다. 하씨가 예쁘다보니 강왕이 빼앗았다. 한빙이 원한을 품자 강왕은 그를 가두었다가 築城축성의 負役刑부역형(4년 동안 城성을 쌓는 곳에 보내져 부역을 하는 형벌)을 내렸다. 아내 하씨는 몰래 한빙에게 편지를 보냈는데 글을 일부러 알아보기 어렵도록 썼다. "오래도록 비가 그치지 않으니 강물이 매우 깊고 태양은 나의 마음을 비춥니다." 그러나 편지는 곧 왕의 수중에 들어왔고 왕은 신하들에게 뜻을 물었으나 아무도 몰랐다. 그 중에 蘇賀소하라는 신하가 답을 했다. "오래도록 비가 그치지 않았다 함은 슬픔과 그리움을 말하고, 강물이 깊다 함은 두 사람이 만날 수 없다는 말이며, 태양이 마음을 비추었다 함은 죽을 결심을 했다는 뜻입니다." 얼마 되지 않아 한빙은 자살을 했다. 한빙의 아내는 남모르게 자신의 옷을 썩게 만들었다. 강왕이 하씨와 함께 누대에 올랐을 때 하씨는 누대에서 뛰어내려 자살을 했다. 강왕의 수행원이 하씨의 옷을 잡았으나 옷이 이미 썩어 있어서 힘을 받지 못했고 하씨는 떨어져 죽었다. 하씨는 유서에, "왕은 제가 사는 것이 좋겠지만 저는 죽은 것이 좋습니다. 저의 시체를 거두어 한빙과 합장을 하여 주시기 바랍니다.

강왕이 분노하여 하씨의 청을 들어주지 않았다. 오히려 두 묘를 떨어져 바라보이게 하면서 말했다. "너희 부부 사랑이 멈추지 않는다 하니 너희가 합쳐진다면 내 다시 막지 않으마." 그런데 얼마 되지 않아 두 그루의 가래나무가 두 무덤으로부터 자라나더니 열흘도 안 되어 한 아름이나 컸고, 두 그루의 줄기가 구부러지면서 서로 가까이 하더니 뿌리는 땅 밑에서 서로 엉기고 가지는 위에서 서로 엉기더라. 또한 한 쌍의 원앙새가 오래도록 나뭇가지에서 사는데 조석으로 떠나지 않고 서로 목을 맞대고 우니 처량한 소리에 사람들이 감동하였다. 송나라 사람들이 이를 슬프게 여겨 이 나무를 '相思樹상사수'라 하였으니 '相思'라는 말은 여기에서 유래하였다. 남방 사람들은 이 원앙새는 한빙 부부 혼백의 변신이라 여겼다.

宋康王舍人韓憑송강왕사인한빙, 娶妻何氏취처하씨, 美미. 康王奪之강왕탈지. 憑怨빙원, 王囚之왕수지, 論爲城旦논위성단. 妻密遺憑書처밀유빙서, 繆其辭曰무기사왈 : "其雨淫淫기우음음, 河大水深하대수심, 日出當心일출당심." 旣而王得其書기이왕득기서, 以示左右이시좌우 ; 左右莫解其意좌우막해기의. 臣蘇賀對曰신소하대왈 : "其雨淫淫기우음음, 言愁且思也언수차사야 ; 河大水深하대수심, 不得往來也부득왕래야 ; 日出當心일출당심, 心有死志也심유사지야." 俄而憑乃自殺아이빙내자살. 其妻乃陰腐其衣기처내음부기의. 王與之登臺왕여지등대, 妻遂自投臺처수자투대 ; 左右攬之좌우람지, 衣不中手而死의불중수이사. 遺書於帶曰유서어대왈 : "王利其生왕이기생, 妾利其死첩이기사, 願以屍骨원이시골, 賜憑合葬사빙합장! 王怒왕노, 弗聽불청, 使里人埋之사리인매지, 塚相望也총상망야. 王曰왕왈 : "爾夫婦相愛不已이부부상애불이, 若能使塚合약능사총합, 則吾弗阻也칙오불조야." 宿昔之間숙석지간, 便有大梓木生於二塚之端편유대재목생어이총지단, 旬日而大盈抱순일이대영포. 屈體相就굴체상취, 根交於下근교어하, 枝錯於上지착어상. 又有鴛鴦雌雄各一우유원앙자웅각일, 恒棲樹上항서수상, 晨夕不去신석불거, 交頸悲鳴교경비명, 音聲感人음성감인. 宋人哀之송인애지, 遂號其木曰相思樹수호기목왈상사수. 相思之名상사지명, 起於此也기어차야. 南人謂此禽即韓憑夫婦之精魂남인위차금즉한빙부부지정혼. 『搜神記수신기 · 卷十一』

처음에는 두 사람의 사연에 따라 '相思樹상사수'라 하다가 후에 나무의 형상을 따라 '連理枝연리지'라 부르게 된 것으로 보인다. 즉 가지가 서로 엉겨 하나가 된 모습을 따라 '連理'라 한 것이다.

악부시 「子夜歌자야가」에 '連理樹연리수'가 나온다. "歡愁儂亦慘환수농역참, 郎笑我便喜낭소아편희. 不見連理樹불견연리수, 異根同條起이근동조기. (당신이 슬프면 저도 슬프고, 서방님이 웃으면 저도 기쁩니다. 연리나무는 다른 뿌리에 한 줄기랍니다.)"

낙천이 「潛別離잠별리」에서 '連理枝'라고 한 것은 이 시의 韻字운자를 맞추기 위해 '樹'를 '枝'로 바꾸어 쓴 것이다. 즉 이 시에서의 짝수 句 끝 글자인 '離'·'思'·'知'·'枝'·'時'·'期'는 모두 唐의 시대에서 上平聲상평성 四支에 속하는 같은 운자인 것이다. 이것은 『長恨歌』에서도 마찬가지이다. 『長恨歌』 뒷부분 역시 '知'·'時'·'枝'·'期'를 운자로 썼다.

「潛別離잠별리」에서 "칼날에 잘려버린 봄의 연리지"라 함은 두 사람의 사랑이 외부의 힘에 의해 꺾이었음을 뜻한다. 어머니의 완강한 거부일 수도 있고 자신이 극복하지 못한 다른 연유일수도 있을 것이다.

이제는 어쩔 수가 없게 되었다. 다만 탁한 황하의 물도 맑아질 날이 있을 것이라는, 검은 까마귀도 희어질 날이 있을 것이라는 희망 아닌 희망에 앞날을 묻고 굳이 재회를 기약하지 않는다.

마지막 구절은 결국 긴 이별을 암시하였다. 그리고 실제로 긴 이별이 되었다.

낙천은 이별과 상관없이 언제나 상령을 가슴에 품고 살았다. 그 후로 바로 연이어 쓴 세 수의 시에서 상령에 대한 애틋한 그리움이 묻어난다.

동짓날 밤 상령을 생각하며

아름다운 얼굴 보지 못하니
차가운 이불 친할 수 없구료
가장 긴 이 밤을 어이 하리오
서로 홀로 자야 하는 우리들

冬至夜懷湘靈동지야회상령

豔質無由見염질무유견, 寒衾不可親한금불가친.
何堪最長夜하감최장야, 俱作獨眠人구작독면인.

이사를 하고 그 이듬해 805년 동짓날에 지은 것으로 보인다. 일년 중 가장 긴 동지의 밤은 이별을 하고 따로 지내는 연인들에게는 가장 힘든 忍苦인고의 밤이기도 하다. 낙천은 언제나 상령의 처지에서 생각한다. 자신만 이 긴 밤을 홀로 감내하는 것이 아니고 상령도 홀로 밤을 지새우고 있을 터이다. 여기에서 보아도 낙천과 상령은 짧지 않은 세월을 서로가 밤을 함께 보냈던 사이로 보인다.

가을을 맞아 멀리 부치다

슬프다 때가 지나갔으니
둘의 정은 천리에 같거늘

이별의 아픔이 남은 곳에
뜰의 나무 추풍을 맞으니
제비는 돌아갈 날개를 펴고
꽃도 향기를 거두는데
결혼의 기약도 청춘도
부질없는 헛일이 되었구료

感秋寄遠감추기원

惆悵時節晩추창시절만, 兩情千里同양정천리동.
離憂不散處이우불산처, 庭樹正秋風정수정추풍.
燕影動歸翼연영동귀익, 蕙香銷故叢혜향소고총.
佳期與芳歲가기여방세, 牢落兩成空뇌락량성공.

806년 낙천이 주질에 있을 때 「長恨歌」를 쓰기 불과 몇 개월 전에 지었다고 보인다. 두 사람의 결혼이 수포로 돌아간 지금 낙천은 悔恨회한에 차 있다. 제비도 돌아갈 채비를 하고 있고, 꽃도 향기를 다하고 이미 시드는 때다. 이렇게 세월이 흐르는 동안 자신들의 결혼에 대한 기약도 어느덧 청춘과 함께 사라져버렸다.

멀리 부치다

잊으려 하나 잊을 수 없고
떠나려 하나 떠날 수 없네
겨드랑이에 날개 돋지 않고

백발은 머리 가득 섞이는데
새로 떨어진 낙엽을 보면서
가장 높은 누대에 오르니
저녁노을 끝이 없는데
망망한 시야에 설움만 차네

寄遠

欲忘忘未得욕망망미득,　　欲去去無由욕거거무유.
兩腋不生翅양액불생시,　　二毛空滿頭이모공만두.
坐看新落葉좌간신낙엽,　　行上最高樓행상최고루.
暝色無邊際명색무변제,　　茫茫盡眼愁망망진안수.

이 시도 이 때 쯤에 지었다고 보인다. 원문에서 '二毛'는 검은 머리와 흰 머리의 두 가지 머리칼을 가리키는데, 斑白반백 즉 흰머리가 섞여 있는 것을 뜻한다. 대체로 30여 세를 말한다. 이때 낙천은 35·6세쯤으로 아직 결혼 전이다.

낙천은 「生離別생이별」이라는 시에서 "憂極心勞血氣衰우극심로혈기쇠, 年未三十生白髮년미삼십생백발(괴로움에 힘들어 혈기가 쇠약하니 삼십도 안 되어 백발이 났구나)"이라 한 적이 있다. 흰 머리가 매우 일찍 난 셈인데 이 또한 마음의 병 때문이라 한 것이다.

멀리 떨어져 갈 수도 없는데 잊어지지는 않고, 그렇다고 날아갈 날개가 있는 것도 아니니 이른 나이에도 백발만 늘어난다. 晩秋만추의 지는 낙엽을 보면서 높은 정자를 찾아올라 상령이 있을 고향을 향해 바라보지만, 아득하여 망망하기만 하니 또 다시 서러움만 밀려든다.

낙천은 808년 37세의 매우 늦은 나이로 결국 결혼을 했다.

이때 낙천은 주질현의 현위로부터 左拾遺좌습유라는 관직을 제수받아 장안에 들어와 있었다. 아울러 翰林學士한림학사를 겸하고 있었다. 한림학사는 일종의 파견근무 형태인데, 조정의 중요한 문서를 起草기초하는 직무를 본다. 가령 장군이나 재상의 임명장도 한림학사가 초안을 쓴다. 따라서 황제의 신임 속에서 매우 큰 긍지를 가질 수 있는 직무라 할 수 있다. 낙천과 동시에 한림학사를 지낸 다른 5명은 후에 모두 재상에 올랐을 만큼 한림학사는 실세의 의미가 있었다.

좌습유는 門下省문하성에 속하는 관직이다. '拾遺'는 '拾遺補缺습유보결'의 뜻으로 조정의 정책이나 행정에 있어서 누락되거나 부족한 부분을 살펴 시정하고 보완을 하는 직무이다. 직급은 높지 않지만 (8품 아래) 직무는 매우 중요하고 조정에서의 역할이 매우 크다고 할 수 있다.

수도 장안의 황궁에서 이 정도의 중요한 관직에 올랐지만 37세의 나이에 아직 미혼이다. 이제 더 이상 결혼을 미룰 수 없는 상황이었을 것이다.

『周禮주례』나 『禮記예기』에서 규정한 남녀의 결혼 연령은 각각 30과

20세였다. 즉 남자는 30세 전에 아내를 맞이하고 여자는 20세 전에 시집을 가는 것이 이미 오래된 전통이었다.

낙천 자신도 후일 44세 때에는 「贈友五首증우오수」 시에서 당시 晩婚만혼에 대한 탄식을 한 적이 있다.

……
30에 남자는 아내가 있고
20에 여자는 시집을 가거늘
근래에 많은 전란이 일어나
혼인이 자꾸 늦기만 하오
결혼을 제때에 하지 못하여
생육이 언제나 늦어 힘드니
자녀가 성인이 되기도 전에
부모는 이미 늙어 쇠약하오

……
三十男有室삼십남유실, 二十女有歸이십녀유귀.
近代多離亂근대다리난, 婚姻多過期혼인다과기.
嫁娶既不早가취기부조, 生育常苦遲생육상고지.
兒女未成人아녀미성인, 父母已衰羸부모이쇠리.

755년 안록산의 난이 일어난 후 唐나라는 매우 어지러운 시기를 지나고 있었다. 낙천이 부리에 가서 살게 된 연유도 이러한 전란을 피해 부친의 任地임지로 간 것이었다. 나라 전체가 제때에 결혼하기가 어려운 상황이었던 것이다.

특히 낙천은 23세에 부친이 돌아가셨고, 그로부터는 생계를 걱정해야 할 만큼 어려운 생활을 하였다. 아울러 부단히 시험 준비를 하면서 응시를 하여 32세에 校書郎교서랑이 되었고, 35세에는 盩厔縣주질현의 縣尉현위가 되었다. 어렵고도 분주한 생활 속에서 세월은 빠르게 흘러갔다.

이제 더 미룰 수 있는 명분은 다시 없을 것이다. 결국 37세의 나이고 당시 친분이 있는 楊氏양씨 집안의 규수와 결혼을 하였다. 그러나 상령에 대한 생각은 버릴 수도 잊을 수도 없는 일이었다.

밤비

그리운 사람이 있건만
머나먼 고향에 있다오
한스러운 일이 잊으니
깊이 애간장에 맺혔소
고향은 멀어 못 가지만
바라보지 않는 날 없소
깊은 간장 풀지 못해
생각하지 않는 밤 없소
등산불 가물거리는 밤
빈 방에 홀로 자려니
가을 밤 유난히 길고
비바람은 끝도 없구려

두타법을 배우지 않고
이 마음 어찌 잊을까

夜雨

我有所念人아유소념인, 隔在遠遠鄕격재원원향.
我有所感事아유소감사, 結在深深腸결재심심장.
鄕遠去不得향원거부득, 無日不瞻望무일불첨망.
腸深解不得장심해부득, 無夕不思量무석불사량.
況此殘燈夜황차잔등야, 獨宿在空堂독숙재공당.
秋天殊未曉추천수미효, 風雨正蒼蒼풍우정창창.
不學頭陀法불학두타법, 前心安可忘전심안가망.

頭陀法: 佛家의 수행방법을 뜻한다. 주로 의식주의 절제를 통해 무욕의 수행 정진을 뜻한다고 보인다.

이 시는 낙천이 결혼 4년 후에 지었다고 알려져 있다. 「밤비」는 이미 결혼을 한 후에도 낙천이 상령을 애타게 그리워하고 있음을 나타냈다. 어머니가 57세의 나이로 돌아가셨을 때 낙천은 40세였고, 결혼한지는 3년이 지난 시점이었다. 이때 낙천은 벼슬을 그만두고 渭村위촌으로 돌아가 어머니의 喪상을 지키며 농촌생활을 하고 있었다. 이러한 상황에서 옛 애인을 그리워하고 있었다는 것은 이해하기 어려운 면도 있다.

낙천은 원만한 결혼생활을 보내고 있었다고 보인다. 특히 부인이 현모양처가 되어주기를 기대했다. 결혼초기 부인에게 시를 통해 간곡한 당부를 전했다.

아내에게

살아서는 한방에서 친하고
죽어도 한 무덤의 진토려니
남끼리도 서로 격려하는데
하물며 당신과 나 사이라면
검루는 가난한 선비였지만
현명한 아내 가난을 잊었고
기결은 일개 농부였으나
아내는 손님처럼 공손했소
도잠은 돈벌이가 없었지만
적씨는 나무해서 밥을 했소
양홍은 벼슬을 안 했지만
맹광은 무명치마로 만족했소
당신이 비록 공부는 안했지만
이러한 일들은 들었을 것이요
지금까지 천년을 지나면서
어떤 사람들에게 전해지는가
사람이 아직 죽기 전이라면
자신의 몸을 잊을 수 없지만
필요한 것은 衣食일 뿐이오
배부르고 따뜻하면 그 뿐
채식도 배부를 수 있으려니
꼭 고량의 진미라야 할까
명주솜도 춥지 않으려니
꼭 화려한 자수라야 할까
당신 집에 유훈이 있거늘

청백을 자손에게 물렸소
나도 곧고 청렴한 선비로
당신과 막 결혼을 하였으니
모쪼록 가난과 소박함으로
함께 즐기며 해로 하십시다

黔婁: 검루는 전국시대의 隱士였는데, 魯와 齊나라에서 재상으로 초빙하려 했으나 모두 사양하면서 부귀영화를 헌신짝처럼 버렸다. 검루의 부인도 귀족 출신이면서 재주와 용모가 뛰어났으나, 王孫公子를 마다하고 검루에서 시집을 와서 남편과 함께 농사를 지으며 살았다.

冀缺: 기결은 본래 농민이었으나 부부간에 서로 공경하기를 마치 손님을 대하듯 하였다. 이를 들은 晉文公이 그가 덕이 있음을 알고 대부에 발탁하였다.

梁鴻: 양홍과 孟光은 東漢의 금슬 좋은 부부였다. 양홍이 가난하여 부인이 남의 방아를 찧어주고 음식을 얻어오곤 했다. 남편에게 밥상을 올릴 때는 언제나 눈높이로 올려 공경을 나타냈다.

膏粱: '膏'는 기름진 육류를 말하고, '粱'은 고운 곡식을 뜻한다. 즉 고량은 진귀한 음식을 말한다. 뛰어났으나, 王孫公子를 마다하고 검루에서 시집을 와서 남편과 함께 농사를 지으며 살았다.

贈內

生爲同室親생위동실친,　　死爲同穴塵사위동혈진.
他人尙相勉타인상상면,　　而況我與君이황아여군.
黔婁固窮士검루고궁사,　　妻賢忘其貧처현망기빈.
冀缺一農夫기결일농부,　　妻敬儼如賓처경엄여빈.
陶潛不營生도잠불영생,　　翟氏自爨薪적씨자찬신.
梁鴻不肯仕양홍불긍사,　　孟光甘布裙맹광감포군.
君雖不讀書군수불독서,　　此事耳亦聞차사이역문.
至此千載後지차천재후,　　傳是何如人전시하여인.
人生未死間인생미사간,　　不能忘其身불능망기신.
所須者衣食소수자의식,　　不過飽與溫불과포여온.
蔬食足充饑소식족충기,　　何必膏粱珍하필고량진.
繒絮足禦寒증서족어한,　　何必錦繡文하필금수문.
君家有貽訓군가유이훈,　　淸白遺子孫청백유자손.
我亦貞苦士아역정고사,　　與君新結婚여군신결혼.
庶保貧與素서보빈여소,　　偕老同欣欣해로동흔흔.

처음부터 끝까지 일관된 당부의 말이다. 상령에게 쓰는 시와는 전혀 다르다. 서로가 훌륭한 미덕을 닦아 검소하면서 원만하게 한평생 살아보자는 말 외에 다른 뜻이 없다. 상령에게 쓰는 시에서는 전혀 보이지 않는 훈계의 말이다. 부인의 처지에서는 짜증이 날만도 한 勸妻詩권처시이다.

낙천은 자연스러운 남녀의 만남과 인위적인 규범으로 만난 부부의 사이를 상당히 분명하게 구분을 하였다. 낙천에게 상령은 여자였고, 부인은 가정의 반려자로서의 부인이었다.

중국(우리나라도 마찬가지이지만)의 전통에서 황제라 해도 정실부인(황후)은 하나다. 아무리 많은 여자를 데리고 살아도 부인 외의 모두는 다만 첩의 신분이다. 부인의 역할에는 이러한 첩들을 통솔하는 것도 포함된다. 부인은 남편에 대해 여자로서의 역할보다 남편과 동등한 지위에서 가정을 이끌어가는 동반자로서의 역할이 크다고 볼 수 있다.

위의 시에서 내용이 훈계 위주로 엮인 것은 아무래도 낙천이 부인에게 여자로서의 정감을 덜 느꼈다고 보이는 부분이다. 이미 20년 가까이 한 여인을 진하게 사랑해온 낙천에게 결혼은 다만 가문에 대한 피할 수 없는 임무수행이었다는 느낌을 준다. 물론 이때는 결혼 초기였다는 점을 염두에 두어야 한다.

낙천의 상령에 대한 그리움은 계속 이어진다. 42세쯤으로 여겨진다. 상령이 지난날 자신에게 주었던 거울을 보면서 다시 상념에 잠겼다.

거울을 보며

미인이 나와 이별하면서
상자에 거울 남겨주었소
꽃다운 얼굴 가고 난 후
가을 연못 부용이 없듯
일 년 내내 상자 안 여니
붉은 먼지 청동을 덮었소
오늘 아침에야 털어내니
초췌한 얼굴 비추어 주오
보고 나니 다시 슬프구료
뒤에 용은 쌍으로 있거늘

感鏡감경

美人與我別미인여아별, 留鏡在匣中유경재갑중.
自從花顔去자종화안거, 秋水無芙蓉추수무부용.
經年不開匣경년불개갑, 紅埃覆靑銅홍애복청동.
今朝一拂拭금조일불식, 自照憔悴容자조초췌용.
照罷重惆悵조파중추창, 背有雙盤龍배유쌍반룡.

상령이 낙천에게 준 청동거울을 오랜만에 꺼내보고 쓴 시다. 얼굴을 비추어 볼 일이 없다보니 거울은 상자 속에서 먼지만 뒤집어쓰고 있었을 것이다. 불혹을 넘어선 나이의 초췌한 얼굴을 보고나서 되돌릴 수 없는 세월에 대한 서러움으로 상령을 다시 그리워한다.

가을이면 여름의 화려했던 연꽃이 사라진다. 연꽃 없는 연못은 단지 허전하기만 한 것이 아니고, 지난여름을 생각하면 서글프기까지 하다. 그토록 아름다웠던 꽃이 그렇게 빨리 사라지는가? 그러나 꽃은 열매를 맺으며 할 일을 다 하고 시들었다. 여기에 비하면 자신들은 피지도 못하고 세월만 흘렀다. 거울의 뒷면에는 한 쌍의 용이 서로 감겨 있었다. 거울을 준 사람의 소망이었지만 이제 그 소망도 사라졌다.

낙천은 어머니의 3년 喪상이 끝난 후 814년 43세에 太子左贊善大夫태자좌찬선대부라는 관직을 받아 장안으로 돌아왔다. 이는 太子府태자부에서 태자와 관련된 직무를 보는 관직이었다. 그런데 815년에 조정에 간언을 하였다가 월권의 시비에 휘말려 江州강주의 司馬사마라는 閒職한직으로 좌천되었다.

낙천은 강주로 가는 길에 뜻밖에 상령 父女를 보게 되었다. 낙천은 상령을 껴안고 통곡을 하였다.

봉구

내 흰머리 빗으면 새로운 한이 묻어나고
당신의 민 눈썹 옛날 얼굴을 식이는구료
곁에 사람 왜 그리 서러운가 책하거늘
소년시절 이별 후 늙어 이제 만났다오

逢舊

我梳白髮添新恨아소백발첨신한,　君掃靑蛾減舊容군소청아감구용.
應被傍人怪惆悵응피방인괴추창,　少年離別老相逢소년이별노상봉.

자신은 좌천되어 가는 길이었다. 상령은 신세와 몸 모두가 零落영락을 보여주고 있었다. 자신은 44세이고 상령은 40세다. 아직 결혼도 못한 상령의 잘못된 일 모두가 자신 때문이 아니었겠는가? 흰 머리를 빗을 때마다 상령에 대한 그리움이 한이 되어 희어지는 머리칼만큼씩 늘어난다. 이제 보니 상령도 마찬가지였다. 윤기 잃은 민 눈썹은 옛날의 얼굴을 거두어 내리고 있었다.

이때 낙천은 부인과 함께 가는 길이었다. 부인이 당연히 이상하게 여기며 묻는다. 소년 시절 이웃에 살았던 여자아이인데 이렇게 늙어 다시 보니 감개무량하다고 하나?

이 뜻밖의 만남 이후 두 사람은 다시 서로 보지 못했다. 낙천이 824년 53세 때 杭州항주 刺史자사의 임기를 채우고 洛陽낙양으로 돌아가는 길에 일부러 길을 돌아 옛 고향 符離부리를 찾았다. 그러나 상령의 가족은 이미 마을을 떠나 향방을 알 수 없었다. 결국 두 사람의 30여 년에 걸친 사랑은 이렇게 더 이어지지 못했다.

3. 만남에 서로 아는 사이라야만 하나

당시 낙천의 대표작으로 「長恨歌장한가」 외에 「琵琶行비파행」이 있었다. 元和六年원화육년(811)에 어머니의 喪상을 당하여 下邽하규(甘肅省감숙성 天水市천수시 西南서남)에 가서 3년 居喪거상을 마치고 돌아와 814년 太子左贊善大夫태자좌찬선대부가 되었다. 그는 태자의 교육을 담당하는 직책임에도 간언을 하다가 越權월권의 시비에 말려 元和十年에 江州강주 司馬사마로 좌천되었다.

강주는 양자강 언저리의 외진 곳으로 장안에서 수천리 길이었다. 강주는 특히 장강과 鄱陽湖파양호 사이에 있어서 물이 많은 지역이었다. 파양호는 중국의 가장 큰 淡水湖담수호(중국의 가장 큰 호수는 靑海湖청해호인데 이는 鹹水湖함수호 즉 짠물의 호수다. 중국에는 함수호도 많다.)였다.

당나라 때는 장안에서 멀리 떨어진 이곳에 좌천되어 오는 일이 종종 있었다. 司馬사마라는 관직은 겉으로는 州주의 刺史자사 보좌관쯤 되지만 실은 고정된 정무가 없는 閒職한직으로 당시에는 주로 좌천의 자리로 활용되고 있었다. 낙천은 이곳에서 3년 반의 세월을 보냈다.

낙천은 그곳에서 草堂초당을 짓고 松竹송죽을 둘러 심어 한가로이 지냈다. 봄이면 東林寺동림사를 찾았고 가을이면 潯陽樓심양루를 오르거나 陶淵明도연명의 故宅고택을 방문했다. 또는 香爐峯향로봉에 오르거나 潯陽의 여러 명승들을 찾았다. 이렇게 하여 詩文 일백여 편을 지었는데 그 중에서 「琵琶行비파행」은 「長恨歌장한가」와 더불어 대표작이 되었다.

낙천이 지은 초당은 廬山여산 아래에 있었기 때문에 廬山草堂이라 했다. 지금 여산초당은 사라졌지만 그 대신 晩唐만당의 후인들이 낙천을 기념하기 위해 지은 琵琶亭비파정이 여러 차례의 보수를 거치면서 아직 남아 있다. 다시 말해 낙천이 여기에서 유명한 비파행을 지은 것을 기념하기 위한 것이다.

낙천은 여기에 와서 우연히 한 여인을 만났는데 화려했던 과거를 뒤로 하고 상인에게 몸을 의탁해 살아가는 모습에서 자신을 돌아보는 계기가 되었다. 특히 상령을 그리워하며 살아가는 자신에게 이 여인은 특별한 의미로 다가왔다. 여인에게 화답한 노래의 형식으로 지은 이 시는 당시에 이미 장한가와 함께 낙천의 대표적인 노래로 널리 알려졌다.

비파행 · 병서

元和 10년(815) 나는 구강군 사마로 좌천되었다.
이듬해 가을, 湓江분강 나루에서 손님 배웅을 하는데,
밤에 배에서 비파를 타는 소리가 들리거늘,
소리가 쟁쟁하니 경성의 소리였다.
누군가 물으니 본시 장안의 倡女창녀였다.

일찍이 穆목·曹조 두 명인한테 배웠다며,
나이 들고 미색이 쇠하여 상인의 아내가 되었다하니,
술을 시키고 몇 곡을 청하여 들으니 애처로웠다.
스스로 젊어 즐거웠던 일을 말하고,
지금은 쇠락하여 사방을 떠돈다 했다.
나의 본직을 떠나 2년, 편히 보내다 이 말에 감동되니
이날 저녁 비로소 좌천의 의미를 깨달았다.
이에 616字의 長句장구 노래를 지어주고 비파행이라 하였다.

밤의 심양강 나루 손님 배웅에
가을 단풍잎 갈대 꽃 소슬한데
주인 下馬에 손님은 배에 올라
술 들어 마시나 음악이 없어라
즐겁게 못 취하고 서운한 이별
이별에 망망 강에 달 잠기는데
홀연 물위에 비파소리 들리거니
주인 못 돌아가고 객 못 떠나네
소리를 따라가 누군가 물어보니
비파소리 그치고 말은 더디더라
배를 가까이 대고 보기를 청하여
불을 밝혀 술자리를 다시 펴고
천만번을 불러 비로소 나오는데
비파를 안아 얼굴 반을 가렸더라
축을 돌리며 현을 타기 두세 번
곡도 되기 전에 정이 묻어나네
줄마다 퉁기니 소리마다 그리움

평생 못 이룬 뜻을 하소연 하듯
아미를 숙이고 손 가는대로 타니
마음의 무한한 일 다 말하는 듯
가벼이 비비고 튕기며 다시 뜯어
처음에 예상이더니 다시 육요라
큰 현은 주룩주룩 소나기 내리듯
작은 현은 재잘재잘 속삭이는 듯
주룩주룩 재잘재잘 엇섞어 타니
큰 구슬 작은 구슬 옥반에 굴러
꾀꼬리 소리 꽃 아래 미끌리고
골골 샘물 얼음아래 흐르는 듯
얼음 밑 물 얼어붙듯 현이 멈춰
엉겨 붙은 채 소리 잠시 쉬거늘
또 다른 슬픔에 悔恨회한이 일어나니
이때의 무성이 소리를 이기더라
두레박 깨져 물이 사방에 튀듯
돌연 鐵騎철기가 나타나 창칼이 울듯
곡이 끝나며 채로 중심을 그으니
네 현이 한 소리로 비단을 째듯
東西동서의 배들 초연히 소리 없는데
단지 강 속 가을 달만 하얗구나
조용히 채를 줄 사이에 끼우고
매무새를 고치며 고아한 자세로
말하기를; "본래 경성여자였어요
집이 하마릉 아래에 있었습니다
열셋에 비파를 배워 익혔는데

이름은 교방 제일부에 올랐어요
한 곡 끝나면 명인들이 감복하고
화장을 하면 미인도 질투 했어요
오릉 젊은이들 비단을 다투어주니
한 곡에 붉은 비단 수를 몰랐어요
금비녀 은빛 장단 치다 부러지고
핏빛 비단치마 술 엎어 얼룩져도
금년의 환락 내년으로 이어지며
가을 달 봄바람 한가로이 지났고
형제자매 軍에 가거나 죽었어요
조석이 바뀌니 얼굴도 바뀌어
문 앞 쓸쓸히 찾는 사람 드물고
나이 들어 상인의 아내가 되니
상인은 이별보다 돈을 중히 하여
지난달 부량에 차를 사러갔어요
가고 나서 강가에 빈 배 지키니
뱃전의 달은 밝고 강물은 찬데
깊은 밤 홀연 젊은 시절 꿈꾸니
울다가 줄줄이 눈물자국이었어요"
나는 비파에 이미 탄식을 하다가
이 말을 듣고 또 다시 한숨이라
모두가 天涯의 떠도는 사람인데
만남에 꼭 아는 사이라야만 하나
내 지난해 경성을 떠나온 이후로
심양에 좌천되어 누워 지냈거늘
심양은 외진 곳 음악이 없었으니

해가 다해도 악기소리 하나 없고
분강에 거주하니 땅이 낮고 습해
갈대와 대나무 집을 둘러 자라니
그 안에 조석으로 무엇을 들을까
두견 피 토하고 원숭이 구슬픈데
봄강 꽃피는 아침 달 밝은 가을밤
종종 술을 사와 홀로 기울이거늘
산골 노래나 시골 피리 없겠냐만
거칠고 조잡하여 듣기 어려웠는데
오늘 저녁 당신의 비파소리 들으니
仙樂을 들은 듯 귀가 밝아지는구료
사양 말고 다시 한 곡 들려주시오
그대에게 비파행을 지어 주리다
내 말에 감동한 듯 한참을 섰다가
앉아 현을 조이니 소리가 빨라져
처량하기가 앞의 소리와 다르더라
앉은 사람 모두 낯을 가리고 우는데
좌중에 누가 가장 많은 눈물 흘리나
강주사마 푸른 저고리 젖어드는구나

琵琶行 · 幷序

元和十年원화십년, 予左遷九江郡司馬여좌천구강군사마.
明年秋명년추, 送客湓浦口송객분포구,
聞船中夜彈琵琶者문선중야탄비파자,

聽其音청기음, 錚錚然有京都聲쟁쟁연유경도성;
問其人문기인, 本長安倡女본장안창녀,
嘗學琵琶於穆曹二善才상학비파어목조이선재.
年長色衰연장색쇠, 委身爲賈人婦위신위가인부.
遂命酒수명주, 使快彈數曲사쾌탄수곡, 曲罷憫然곡파민연.
自敘少小時歡樂事자서소소시환락사,
今漂淪憔悴금표륜초췌, 轉徙於江湖間전사어강호간.
予出官二年여출관이년, 恬然自安염연자안, 感斯人言감사인언,
是夕시석, 始覺有遷謫意시각유천적의,
因爲長句歌以贈之인위장구가이증지, 凡六百一十六言범육백일십육언,
命曰琵琶行명왈비파행.

1 潯陽江頭夜送客심양강두야송객, 楓葉荻花秋瑟瑟풍엽적화추슬슬.
2 主人下馬客在船주인하마객재선, 擧酒欲飮無管絃거주욕음무관현;
3 醉不成歡慘將別취불성환참장별, 別時茫茫江浸月별시망망강침월.
4 忽聞水上琵琶聲홀문수상비파성, 主人忘歸客不發주인망귀객불발.
5 尋聲暗問彈者誰심성암문탄자수? 琵琶聲停欲語遲비파성정욕어지.
6 移船相近邀相見이선상근요상견, 添酒回燈重開宴첨주회등중개연.
7 千呼萬喚始出來천호만환시출래, 猶抱琵琶半遮面유포비파반차면.
8 轉軸撥絃三兩聲전축발현삼량성, 未成曲調先有情미성곡조선유정.
9 絃絃掩抑聲聲思현현엄억성성사, 似訴平生不得志사소평생부득지.
10 低眉信手續續彈저미신수속속탄, 說盡心中無限事설진심중무한사.
11 輕攏慢撚抹復挑경롱만년말부도, 初爲霓裳後六么초위예상후육요.
12 大絃嘈嘈如急雨대현조조여급우, 小絃切切如私語소현절절여사어;
13 嘈嘈切切錯雜彈조조절절착잡탄, 大珠小珠落玉盤대주소주낙옥반.
14 間關鶯語花底滑간관앵어화저활, 幽咽泉流氷下灘유인천류빙하탄.

倡女: 노래와 춤을 하는 여인을 말한다.

湓浦口: 湓江이 長江과 만나는 입구를 말한다. 분강은 지금 龍開河라 한다.

潯陽江: 강서성 九江市 북쪽 일대를 지나는 장강을 말한다. 당나라 때는 九江郡을 潯陽郡이라 했다.

霓裳: 霓裳羽衣曲인데 당 현종이 특히 좋아하던 곡이었다.

六么: 綠腰라고도 하며 당시 유행했던 비파곡이다.

15 氷泉冷澀弦凝絶빙천냉삽현응절, 凝絶不通聲漸歇응절불통성점헐.
16 別有幽愁暗恨生별유유수암한생, 此時無聲勝有聲차시무성승유성.
17 銀甁乍破水漿迸은병사파수장병, 鐵騎突出刀鎗鳴철기돌출도쟁명.
18 曲終收撥當心畫곡종수발당심화, 四絃一聲如裂帛사현일성여렬백.
19 東船西舫悄無言동선서방초무언, 唯見江心秋月白유견강심추월백.
20 沈吟放撥揷絃中침음방발삽현중, 整頓衣裳起斂容정돈의상기렴용.
21 自言本是京城女자언본시경성녀, 家在蝦蟆陵下住가재하마릉하주.
22 十三學得琵琶成십삼학득비파성, 名屬教坊第一部명속교방제일부.
23 曲罷曾教善才服곡파증교선재복, 妝成每被秋娘妒장성매피추낭투.
24 五陵年少爭纏頭오릉년소쟁전두, 一曲紅綃不知數일곡홍초불지수.
25 鈿頭銀篦擊節碎전두은비격절쇄, 血色羅裙翻酒汙혈색라군번주오.
26 今年歡笑復明年금년환소부명년, 秋月春風等閑度추월춘풍등한도.
27 弟走從軍阿姨死제주종군아이사, 暮去朝來顔色故모거조래안색고;
28 門前冷落車馬稀문전랭락차마희, 老大嫁作商人婦노대가작상인부.
29 商人重利輕別離상인중리경별리, 前月浮梁買茶去전월부량매다거,
30 去來江口守空船거래강구수공선, 繞船月明江水寒요선월명강수한.
31 夜深忽夢少年事야심홀몽소년사, 夢啼妝淚紅闌干몽제장루홍난간.
32 我聞琵琶已歎息아문비파기탄식, 又聞此語重唧唧우문차어중즐즐.
33 同是天涯淪落人동시천애윤락인, 相逢何必曾相識상봉하필증상식?
34 我從去年辭帝京아종거년사제경, 謫居臥病潯陽城적거와병심양성.
35 潯陽地僻無音樂심양지벽무음악, 終歲不聞絲竹聲종세불문사죽성.
36 住近湓江地低濕주근분강지저습, 黃蘆苦竹繞宅生황로고죽요댁생.
37 其間旦暮聞何物기간단모문하물? 杜鵑啼血猿哀鳴두견제혈원애명.
38 春江花朝秋月夜춘강화조추월야, 往往取酒還獨傾왕왕취주환독경.
39 豈無山歌與村笛기무산가여촌적? 嘔啞嘲　難爲聽구아조찰난위청.
40 今夜聞君琵琶語금야문군비파어, 如聽仙樂耳暫明여청선악이잠명.

蝦蟆陵: 장안의 동남쪽 曲江 부근에 있는데, 당시 歌女들이 모여 살던 곳이라 한다.
教坊: 궁정음악을 관할하던 부서이다. '제일부'는 가장 우수했다는 의미이다.
五陵: 장안의 북쪽에 漢代의 다섯 황제 능이 있는데, 이 일대에 당시 귀족들이 많이 살았다. 즉 여기의 '젊은이'는 귀족의 자제를 뜻한다.

41 莫辭更坐彈一曲막사경좌탄일곡, 爲君翻作琵琶行위군번작비파행.
42 感我此言良久立감아차언량구립, 卻坐促絃絃轉急각좌촉현현전급.
43 凄凄不似向前聲처처불사향전성, 滿座重聞皆掩泣만좌중문개엄읍.
44 座中泣下誰最多좌중읍하수최다, 江州司馬靑衫濕강주사마청삼습.

우연히 비파 타는 여인을 만났다. 강 속에 잠긴 달을 보면서 낙천은 여인의 비파소리에 깊이 감동을 받고, 다시 여인의 자기소개에 크게 한숨을 지었다. 여인을 통해 자신의 모습을 돌아보게 된 것이다.

여인은 본시 재능과 미모를 겸비하여 장안에서 화려하게 보냈던 젊은 시절이 있었다. 비파는 명인들도 감복할 정도였고, 미모는 장안의 미녀들도 질투할 지경이었다. 비파를 연주할 때마다 모든 사람들의 시선을 모으고 곡이 끝나면 사람들이 던져주는 비단이 얼마인지 알 수도 없었다(당시는 비단으로 歌女가녀의 환심을 사려는 풍속이 있었다.)

춘풍 속의 노래와 가을 달밤의 연회가 연년이 이어지며 세월은 한가롭게 지나갔다. 그 사이에 형제자매들이 뿔뿔이 흩어지고, 어느덧 자신의 얼굴도 옛적 얼굴이 아니었다. 그토록 북적이던 문 앞에 이제는 찾는 사람도 없이 쓸쓸했다. 이제는 스스로 살아갈 방도가 없고 누군가를 찾아 몸을 의탁해야 했다.

상인은 이윤을 찾는 사람이다. 아내를 홀로 두고 사업에 바쁘다. 젊은 시절을 생각하며 눈물짓는 이 여인의 처지에서 낙천은 자신과 상령의 모습을 동시에 보았을 것이다.

자신도 젊어서 여러 곳을 유랑했고 특히 과거 준비와 벼슬살이로 상령을 홀로 두고 다녔다. 30년 넘게 상령을 잡아두었지만 실제로 상령의 곁에 얼마나 있었는가? 지금 상령은 어느 하늘 아래 이 여인처럼 쓸쓸한 밤을 보내고 있을까?

지금 낙천은 눈앞의 여인을 보며 상령과 자신에게 눈물을 흘리고 있는 것이다. 「琵琶行비파행」은 이렇게 지어졌다.

낙천은 언제나 차마 신을 수 없는 신발 한 켤레를 지니고 다녔다. 「琵琶行」을 쓰고 난 이듬해에 낙천은 이 신발에 대한 통한의 추억을 시로 남겼다.

감정

뜰에 옷과 완구를 말리다가
홀연 고향 신발을 보았소
옛적 누가 나에게 주었는가
동쪽 이웃집의 미인이었소
그때 나에게 주며 하던 말
이로써 시작과 끝을 함께
영원히 한 쌍의 신발처럼
쌍으로 가고 쌍으로 서요
내 강주에 좌천된 후로는

삼천리를 홀로 떠돌았으나
오랜 情人정인에 고마움으로
함께 여기까지 지녀왔소
오늘 아침 서러움이 밀려
보고 또 보니 끝이 없소
사람은 한 짝 신발은 한 쌍
어찌 똑 같기를 바라리오만
한스럽고 또 애석할 뿐이오
비단신 안에 繡를 놓았으나
장마철이 지나면 더 더욱
검어지며 꽃은 죽겠지요

感情

中庭曬服玩중정쇄복완, 忽見故鄕履홀견고향리.
昔贈我者誰석증아자수? 東鄰嬋娟子동린선연자.
因思贈時語인사증시어, 特用結終始특용결종시.
永願如履綦영원여리기, 雙行復雙止쌍행부쌍지.
自吾謫江郡자오적강군, 漂蕩三千里표탕삼천리.
爲感長情人위감장정인, 提攜同到此제휴동도차.
今朝一惆悵금조일추창, 反覆看未已반복간미이.
人隻履猶雙인척리유쌍, 何曾得相似하증득상사?
可嗟復可惜가차부가석, 錦表繡爲裏금표수위리.
況經梅雨來황경매우래, 色黯花草死색암화초사.

낙천은 장마철에 접어들 즈음 어느 날 문구류와 생활용품을 햇볕에 말리기 위해 끄집어내면서 한 쌍의 비단신을 보았다. 자신이 수천 리 길을 돌아다니면서도 꼭 챙겨왔던 신발이었다.

낙천이 고향에 있을 때 상령이 안에 꽃 자수를 둔 비단신을 만들어 주었다. 상령은 신을 건네면서 말했다. "이 신발로 우리의 시작과 끝을 함께 해요. 영원히 신발처럼 우리도 쌍으로 가고 쌍으로 멈추고 그렇게 해요."

상령의 정표를 보고 또 보면서 서러움을 삭여야 했다. 상령의 소망과는 달리 지금도 정작 사람은 한 짝씩 떨어져 있고 신발만 쌍으로 간직되어 있다. 사람의 일이 어찌 신발처럼 마음대로 가지런하게 쌍쌍으로 챙겨놓을 수가 있겠는가? 그러나 지금처럼 어차피 좌천될 일이었다면 굳이 상령과 떨어져야 할 이유가 무엇이었나? 생각할수록 지난날들이 한스럽고 애석할 뿐이다.

이제 여름의 장마에 이 신을 신게 되면 고운 비단은 검은 색으로 변하고 자수를 놓은 꽃도 빛깔을 잃어버릴 것이다. 세월이 흐르면 비단신도 어쩔 수 없이 본래의 광채를 잃을 것이다. 그러나 한 쌍 그대로 간직하는 것은 어렵지 않은 일이다.

평생 동안 상령을 가슴에 품고 살아온 낙천이 부인에게는 어떠했는가? 앞에서 「아내에게(贈內증내)」 시를 보았는데, 다시 강주에서 「感情감정」 시를 쓰고, 한 두 해 뒤에 지은 다른 시를 하나 더 본다.

아내에게

백발이 무성하여 탄식하니
미인도 함께 슬퍼해주네
등 아래 겨울옷을 꿰매는데
딸애는 침대머리에서 놀고
시커멓게 낡은 병풍 너머
처량한 가을의 베개 침상
가난에도 등급이 있다오
검루의 아내보다는 좋으리

贈內子증내자

白髮方興歎백발방흥탄,　　青娥亦伴愁청아역반수.
寒衣補燈下한의보등하,　　小女戲牀頭소녀희상두?
暗澹屛幃故암담병위고,　　淒涼枕席秋처량침석추.
貧中有等級빈중유등급,　　猶勝嫁黔婁유승가검루.

青娥: 미인을 뜻하는데 낙천이 자신의 아내를 지칭하였다.
枕席: 베개와 자리를 뜻하는데 여기에서는 이불도 없이 베개만 달랑 놓여있는 침상을 말했다.
黔婁: 앞의 「贈內」 시 참조.

자신의 아내를 미인으로 지칭하고 아내도 자신의 백발을 함께 슬퍼해주는 금슬 좋은 부부사이임을 보여준다. 아내는 자신의 겨울옷을 준비하는데 천진난만한 아이는 혼자 즐겁다. 병풍은 오래되어 침상이 그대로 보이는데 베개 하나 달랑 놓여 있다. 겨울이 다가오는 가을이건만 아직 침구도 준비되지 않았다. 아내에게 위로해줄 말을 찾지만 궁색하다.

옛날 검루라는 사람이 있었는데 죽은 후 흰 천으로 시신을 덮었다. 그러나 천이 작아 얼굴을 덮으면 발이 나오고 발을 덮으면 얼굴이 나왔다. 할 수없이 천을 대각선으로 하여 겨우 덮을 수가 있었다고 한다. 낙천이 이 고사를 전하며 검루보다는 낫지 않느냐는 위로의 말이다. 가난하지만 부부와 아이가 단출하면서 소박하고 평온하게 살아가는 모습이다.

낙천은 아내에게 쓴 시가 비교적 많은 편이다. 그러나 대체적으로 무언가 다소 서운하다는 느낌을 준다. 주로 직설적이면서 감정의 표현이 적은 듯하다.

아내에게 부치다

뽕나무 가지 막 푸를 때 떠났는데
감잎이 반이나 붉건만 안 오는구려
계절을 아는 시골아낙만도 못 하오
농부 옷도 가을 다듬질 하고 있건만

寄內기내

桑條初綠即爲別상조초록즉위별, 柿葉半紅猶未歸시엽반홍유미귀.
不如村婦知時節불여촌부지시절, 解爲田夫秋擣衣해위전부추도의.

「贈內증내」나 「贈內子」는 대체로 함께 있는 아내에게 써주는 시를 말한다. 이에 비해 「寄內기내」는 멀리 떨어져 있는 아내에게 부친다는 뜻이다. 여기에서는 다른 곳에 있는 아내에게 보낸 시라서 「寄內」라 했다.

아내는 뽕나무에 새잎이 돋을 때 떠났다. 아마도 친정을 갔을 것이다. 그런데 지금은 감잎이 반이나 붉어진 가을이다. 여름 한 철을 그대로 보내고서도 아직 아내는 돌아오지 않는다. 밤이면 여기저기서 가을 다듬이질 소리가 들리니 더욱 아내 생각이 나기도 하고 쓸쓸하기도 하다.

어투는 사뭇 책망조이다. 농부의 아내들도 때를 알아 겨울 옷 준비에 밤이 시끄러운데, 명색이 양반집 부인이면서 계절도 모르고 마냥 게으름피고 있다는 투이다.

몇 달씩이나 친정에서 머무는 이유는 짐작하기 어렵다. 다만 낙천은 아내와 오래도록 떨어져 있는 것이 불만이다. 특히 겨우살이 준비에 대한 압박감이 아내에 대한 불만을 더 키운다. 다시 말해 아내를 재촉하는 이유가 어쩌면 집안 일 때문인 것처럼 보이기도 하는 부분이다.

이 시는 811년에 쓰였다고 한다. 만약 그렇다면 낙천이 매우 힘든 때였다. 모친상을 당했고 이어서 애지중지하던 딸이 요절했다. 남아를 선호하던 당시였지만 낙천은 딸을 무척 사랑했다. 그에게 딸의 죽음은 감내하기 힘든 슬픔이었다. 이러한 요인들을 모두 감안한다 해도 부인에게 쓴 시는 상령에게 쓴 것과 달라도 크게 다르다는 느낌을 준다. 상령에게는 언제나 부인에게의 시에서 볼 수 없는 애틋한 정감이 묻어난다. 특히 정신적으로 매우 어려운 상황에서도 감성보다는 지극히 이성적인 어투라는 점을 보면 낙천의 부인에 대한 태도는 분명 다르다.

낙천은 두 형태의 삶에 모두 충실했다고 보인다. 우선 낙천은 부인과 가정에 대해 성실했다. 딸만 넷(큰딸은 요절)을 두었다 하는데, 代를 잇기 위한 다른 방도를 찾지도 않았다. 당시에 아들이 없으면 後嗣후사를 위한 첩을 두는 것이 보통이었겠지만, 낙천은 이러한 권유를 물리치고 단지 부인과 아이들에게 정성을 다했다고 전해진다.

다른 하나는, 상령에 대한 戀情연정을 거의 평생 간직했다. 53세에 상령을 찾아 어릴 적 고향을 들렀던 것은 상령에 대한 信義신의의 표출이었다고 볼 수 있다. 사랑하는 여인을 결혼으로 이어가지 못하고 홀로 살게 한 자책감으로 평생을 괴로워했을 것이다.

「長恨歌장한가」와 「琵琶行비파행」은 낙천의 대표작이다. 이 두 시에는 똑 같은 悲戀비련의 여인을 중심에 두고 있다.

양귀비가 무슨 죄가 있는가? 단지 황제에게 불려갔고 황제의 여인이 되어 황제의 시중을 들었을 뿐이다. 양귀비가 안록산의 반란을 불러들인 것이 아니다. 하지만 양귀비는 이 모든 책임을 둘러쓰고 처형을 받았다. 반면 황제는 帝位제위를 빼앗기긴 했지만 天壽천수를 다하지 않았는가?

「琵琶行비파행」에서의 주인공은 才色재색을 완벽하게 갖춘 세상에

드문 여인이었다. 자신의 미모와 재능을 좋아하는 수많은 사람들이 몰려들었다. 찾아오는 사람들에게 비파를 타고 주흥을 돋아주며 그들을 즐겁게 했다. 세월이 가는 줄도 알 수 없었고, 형제자매가 어떻게 흩어졌는지도 몰랐다. 자신을 돌아보거나 앞날에 대한 준비를 해둘 겨를도 없었다.

그런데 어느 날부터 찾아오는 사람이 줄어들었다. 내 얼굴이 옛날 같지 않다고 느꼈을 때 문 앞은 이미 사람의 발길이 끊어졌다. 조용히 세상으로부터 버림받은 것이다.

「長恨歌장한가」와 「琵琶行비파행」에서의 두 여인 모두가 다른 사람에게 젊음을 바치고 버림받았다. 상령도 이와 다르지 않다. 손수 만든 비단신을 건네주며 사랑의 시작과 끝을 쌍으로 함께 하자했던 상령은 결국 낙천에게서 버림받았다. 「長恨歌」에서 '長恨'은 자신의 한이며, 「琵琶行」에서 여인에게 깊은 공감의 눈물을 쏟은 것도 사실 상령에 대한 속죄의 표현이었을 것이다.

4. 백거이 후기

居易거이(772 - 846)는 字가 樂天낙천으로 太原태원의 下邽하규 사람이었다. 弱冠약관의 나이(18세 때로 추정함)여서 아직 이름이 알려지기 전이었는데, 京城경성(당시의 長安으로 지금의 西安)에서 관광을 하다가 顧況고황을 찾아뵈었다. 고황은 당시 유명한 원로 文人으로 성격이 오만하여 여간해서는 사람을 천거해주지 않았다. 居易가 자신의 詩文集시문집을 내밀자 이름을 보더니 대뜸 "장안의 물가가 비싸 '居거'하기가 크게 容용'易이'하지 않을 것"이라며 居易의 이름을 갖고 빈정거렸다. 그러나 詩卷시권의 "離離原上草이리원상초, 一歲一枯榮일세일고영. 野火燒不盡야화소부진, 春風吹又生춘풍취우생." 구절을 보고서는 감탄을 하며 고쳐 말했다. "이와 같은 글귀라면 천하 어디에 '居거'해도 어렵지 않겠다. 늙은이의 말은 농담이었네."

居易거이, 字樂天자낙천, 太原下邽人태원하규인. 弱冠名未振약관명미진, 觀光上國관광상국, 謁顧況알고황. 況황, 吳人오인, 恃才少所推可시재소소추가, 因謔之曰인학지왈 : "長安百物皆貴장안백물개귀, 居大不易거대불이!" 及覽詩卷급람시권, 至지 "離離原上草이리원상초, 一歲一枯榮일세일고영, 野火燒不盡야화소부진, 春風吹又生춘풍취우생, "乃歎曰내탄왈 : "有句如此유구여차, 居天下亦不難거천하역불난. 老夫前言戱之爾노부전언희지이." 『唐才子傳』

白居易는 이름이 특이하다. '居易'는 글자 그대로 하면 "거주하기 용이하다" 즉 어디가나 살기 쉽다는 뜻이 된다. 성씨 '白'까지 더하면 공짜로 살기가 쉽다는 뜻이 된다. 아무것도 가진 게 없는 사람을 白手백수라고 하듯 돈도 없이 공짜 덕을 보려 할 때 앞에 '白'字를 붙인다. 그러나 "居易"를 실제로 이런 뜻으로 지은 이름은 물론 아니다.

『中庸중용』의 "君子居易以俟命군자거이이사명, 小人行險以徼幸소인행험이요행(군자는 편안한 마음으로 천명을 기다리는데, 소인은 위험을 무릅쓰며 요행을 바란다.)"에서 "居易"의 이름을 취했을 것으로 보인다.

요행을 바란다면 편안한 마음을 가질 수가 없을 것이다. 군자는 언제나 자신의 처지에 알맞게 처신을 하면서 順理순리대로 편안하게 살아간다. 居易의 한 평생이 바로 그러했다. 字자를 '樂天'으로 한 것도 천명을 따른다는 의미로 볼 수 있다. 顧況고황은 단 몇 줄의 詩句에서 백거이는 세상 어디에서도 이름대로 살 인물임을 바로 집어낸 것이다.

고황이 놀란 이 시는 낙천이 16세 때 쓴 것이라 한다.

고원의 풀밭 송별에 부쳐

다복다복 들판의 풀
한해 한번 피고 지니
들불이 다 태우지 못하니
춘풍이 불면 다시 살거늘
멀리 꽃들이 옛길을 덮어
푸른빛 荒城에 이어졌네.
다시 친구를 배웅 하려니
석별의 아쉬움 가득 가득

賦得古原草送別부득고원초송별

離離原上草이리원상조, 一歲一枯榮일세일고영.
野火燒不盡야화소부진, 春風吹又生춘풍취우생.
遠芳侵古道원방침고도, 晴翠接荒城청취접황성.
又送王孫去우송왕손거, 萋萋滿別情처처만별정.

제목에 '賦得부득'이란 두 글자는 시의 내용과는 관련이 없다. 이미 주어진 詩시의 제목에 따라 시를 짓는다는 것을 나타낼 뿐이다. 이 시는 과거시험장에서 詩題시제를 받아 시를 짓는 형식을 취한 것으로 樂天낙천이 과거시험의 습작용으로 지었음을 의미한다. 이러한 형식의 시를 '賦得體부득체'라고도 한다.

시는 강인한 자연의 생명력으로 이별의 아쉬운 정을 비유하였다. '古原'은 그대로 오래된 들판이다. 그러나 그 오래의 정도는 수천 년이나 수만 년 또는 그 이상을 말한다. '草(풀)'는 보통 1년생을 말한다. 제목에서의 '古原草'는 그렇게 오랜 세월을 매년 피고 지고 한 野草이다. 그러나 여기에서는 자연스럽게 말라버린 풀을 말하지 않고 들불에 시커멓게 타버린 재를 말했다.

늦가을의 마른 들판은 불이 자주 일어나기도 하고 때로는 일부러 태우기도 한다. 얼핏 보아서는 모든 초목이 다 타버린 것처럼 보인다. 그러나 이듬해 봄바람이 그 위를 스쳐 지나가면 풀은 예전처럼 다시 무성하게 자란다.

단지 자라기만 하지 않는다. 芳草의 향기가 '古道'를 가득 메우고 있다. 언제부터 길이 났는지 알 수 없지만 '古原'의 '古道'이다. 눈을 들어 비취빛의 방초를 따라 더 멀리 보면 아득한 곳에 폐허가 된 성채에 이어진다.

'古道'나 '荒城'은 '古原' 위에 형성된 사람의 짧은 역사 흔적이다. 지금 이 흔적을 뒤덮고 있는 들풀은 세월을 알 수 없는 자연이다.

자연은 강인해서 오래 간다. 인간의 흔적인 古道나 荒城은 세월을 감당하지 못한 채 지금은 쇠락해 있다.

친구와의 이별은 무엇을 뜻하는가? 자연에 비하면 사람도 한 해살이 풀에 불과한데, 그나마 헤어져야 하는 인생살이는 무성한 방초와는 반대로 아쉽고 서운한 마음만 뻗어 오른다.

떠나는 친구의 배경이 된 들풀과 옛길을 통해 자연과 인간을 상반된 시각으로 대비하는 통찰력도 놀라운 일이지만, 이를 평범한 언어로 보여준 사람은 이제 눈앞의 스무 살도 안 된 젊은이였다. 顧況고황 선생이 놀라지 않을 수 없는 이유였다. 樂天은 노력파였다. 잠을 자거나 쉴 틈 없이 공부를 하다 보니 입안이 헐고 손이나 팔꿈치는 못이 박혔다. 집안 형편 때문에 27세가 되어서야 진사 급제를 했고, 校書郎교서랑이 되었을 때는 지은 詩가 3, 4백 수였다.

樂天은 학문을 하면서도 끊임없이 시를 썼다. 사람을 움직이는 데에는 情感정감보다 앞서는 것이 없는데, 詩시라는 것은 바로 정감을 뿌리로 하여 트는 싹이라는 비유를 했다. 여기에 곡이 붙여져 노래를 하게 되면 꽃으로 피어나는 것이고, 시의 함축된 내용은 그 열매가 된다는 것이다. 다시 말하면 사람을 움직이는 데에는 노래만한 것이 없다는 뜻이다.

낙천은 唐代당대의 문인 중에서 가장 많은 詩文을 남겼으니(현존하는 詩文시문은 2800편쯤인데 실제 생전에 짓기로는 3500편 정도였다 한다.), 李白(979)이나 杜甫두보(1168)보다도 훨씬 많다.

낙천은 생전에 詩文과 덕망이 모르는 사람이 없을 정도로 널리 알려졌다. 예술적 재능과 유가적 품격이 겸비되어 이백이나 두보와는 크게 다른 면모를 보여주었다. 낙천이 죽은 줄도 모르고 찾았던 황제는 그를 깊이 애도하였다.

낙천을 애도하며

옥구슬 꿰어 잇기를 육십년
누가 저승길의 詩仙되라 했나
매이지 않는 뜬구름 居易였고
無爲로 조화 따라 樂天이었네
아이도 장한가를 외워 읊고
호족도 비파행을 노래하거니
문장은 행인의 귀에 가득한데
경을 생각하면 슬프기만 하오

弔樂天詩조낙천시

綴玉聯珠六十年철옥련주육십년, 誰教冥路作詩仙수교명로작시선?
浮雲不繫名居易부운불계명거이, 造化無爲字樂天조화무위자낙천.
童子解吟長恨曲동자해음장한곡, 胡兒能唱琵琶篇호아능창비파편.
文章已滿行人耳문장이만행인이, 一度思卿一愴然일도사경일창연.

당의 宣宗선종(재위; 847 - 859)이 낙천을 재상에 임용하려 했으나 이미 작고했다는 訃音부음을 듣고 낙천을 애도하는 시를 지었다. 황제가 작고한 신하를 애도하는 시를 쓴 것도 흔치 않은 일이지만 내용이 또한 구구절절 애절하기가 황제의 권위를 모두 내려놓은 듯하다.

이 시는 낙천의 한 평생과 위상을 훌륭하게 압축하였다고 보인다. 낙천은 16세 때 지었다고 전해지는 「賦得古原草送別부득고원초송별」 시로부터 846년 75세 작고할 때까지 꼬박 60년을 詩作시작을 멈춘 일이 없다. 그야말로 "옥구슬 꿰어 잇기를 육십년"을 했다. 만년에는 失意실의에 病苦병고가 겹치면서 주로 洛陽낙양에서 보내다가 작고했다. 뒤늦게 宣宗선종의 부름을 받았지만 이미 이 세상의 詩仙시선이 아니었다.

낙천은 귀양살이와도 같은 좌천 생활에서도 여유 있는 시간을 보냈다. '居易'라는 이름 그대로 어디에서나 쉽게 살았고, '樂天'이라는 字처럼 자연의 뜻에 따르며 無爲自適무위자적하였다. 매우 특이한 이름과 字였지만 실제 인물과 더할 수 없이 잘 부합하였다.

"뜬 구름처럼 매이지 않는(浮雲不繫)" 또는 "자연에 따라 자적하는(造化無爲)"과 같은 비유는 낙천의 한 평생을 참으로 잘 드러냈다. 물론 여기에서는 宣宗의 긴 탄식으로 나온 말이다. 내가 소홀히 한 사이에 낙천은 이미 저승길에 올랐고, 어디에도 미련을 두지 않고 홀연히 떠도는 낙천을 이제 다시 불러올 수도 없음을 한탄한 것이다.

"아이도 장한가를 외워 읊고, 호족도 비파행을 노래하거니(童子解吟長恨曲, 胡兒能唱琵琶篇)"에서도 낙천의 詩作 특성이 그대로 함축되어 있다. 漢族한족의 어린아이는 물론 소수민족의 아이들까지도 「長恨歌」와 「琵琶行」을 노래한다는 것이다.

낙천은 시를 쓸 때는 우선 쉽고 통속적인 표현으로 사람들이 이해하기 수월하도록 했다. 낙천의 시가 생존 당시에 이미 널리 유행할 수 있었던 원인 중의 하나는 누구나 쉽게 알 수 있었기 때문이기도 하다. 낙천은 관직생활을 하거나 시를 쓰거나 언제나 일반 평민과 서민을 중심으로 배려하였다. 그래서 길을 나서기만 하면 낙천의 시를 읊는 소리를 들을 수 있다고 한 것이다.

흔히 낙천을 이백 두보와 함께 唐代당대의 3대 시인이라 하면서도, 단지 詩의 명성으로 본다면 낙천은 杜甫두보나 이백에 미치지 못하는 것으로 보인다. 그러나 관직에 있으면서도 여유가 있다면 학문을 계속하는 것이고, 학문을 하면서 여유가 있다면 관직에 나아가는 것(仕而優則學사이우칙학, 學而優則仕학이우칙사)이라는 儒家유가의 실천사상의 시각으로 본다면, 낙천은 이백이나 두보가 미치지 못하는 단연 독보적인 존재라 할 수 있을 것이다.

2014년 10월 10일 蘇州大學에서 唐代文學會가 열렸다. 蘇州는 吳나라(B.C.12세기-B.C.473) 都城의 유적이 아직 뚜렷이 남아 있다. 세 번째 왔지만 하나하나가 새롭게 보인다. 유홍준 교수의 "아는 만큼 보인다"라는 말이 실감난다. 이번에는 백거이의 유적을 염두에 두었다.

낙천은 825년 3월 29일 낙양을 출발하여 5월 5일에 소주에 刺史로 부임했다. 지금은 기차로 7시간 남짓 걸리는 거리이다. 낙천은 여기에 오기 전에 823년 杭州 刺史로 부임했었다. 그곳에서 西湖에 제방을 쌓아 1000여 頃에 이르는 농토에 물을 댈 수 있게 하고, 우물을 파서 식수난을 해결하는 등 여러 愛民 施政을 펴 백성들의 존경을 받았다.

낙천은 소주에서도 運河를 파서 水陸 교통의 편리를 도모했다. 이 운하를 山塘河라 하였는데 길이가 7里(3.5킬로미터)여서 七里山塘이라고도 한다. 운하 양 옆의 제방은 소주 사람들이 낙천에 대한 고

산당하: 배 한 척이 관광객을 기다리고 있다.

마움을 나타내기 위해 그의 姓을 따서 "白公堤"라 부른다. 杭州 西湖에 쌓은 제방도 같은 의미에서 "白公堤"라 불린다.

둑의 일부에는 옛날 길이 형성되어 "소주의 가장 유명한 길(姑蘇第一名街)"라는 이름이 붙여질 정도로 아름다운 옛길이 되었다. 지금도 이 길에는 소주의 오랜 전통음식이나 차를 파는 옛날 집들이 즐비하다. 집들은 "前街後河"즉 집 앞은 길이고 뒤는 운하의 형태로 배치되어 있다. 그래서 뒤의 운하로는 수시로 배가 오가면서 사람과 물건을 실어 나른다. 지금은 주로 청춘남녀나 관광객이 배를 탄다. 소주에는 특히 운하가 많은데 대체로 이러한 형태다.

고소제일명가: 여기부터가 이름난 옛길이다

창문; 오나라 도성의 서문이다.

호성하; 성벽에 근접하기가 쉽지 않다.

운하는 서쪽의 虎丘에서 시작하여 동쪽의 閶門창문에 이르러 護城河호성하로 흘러든다. 소주는 원래 오나라의 都城을 중심으로 이루어진 도시이다. 장방형의 성터 주위로는 작은 강을 파서 성을 에워싸도록 했다. 적이 성으로 근접하는 것을 차단하기 위한 목적이다. 이를 護城河라 한다. 호성하의 물은 소주 외곽의 太湖로부터 끌어들인다. 閶門은 이 성의 西門이다.

검지: 계곡 아래에 합려왕의 능이 있으며, 능 안에는 3000자루의 보검이 있다하여 劍池라 부른다. 진시황이 검을 찾으려고 팠지만 찾지 못하고 계곡만 만들어졌다고 전한다.

千人石: 夫差王은 자신의 부친 합려왕의 능을 완공한 후 여기에 참여한 천명의 인부들을 이 자리에 모아 술과 음식으로 노고를 치하한 후 모두 이 자리에서 죽였다 한다. 당시 흐른 피가 바위를 붉게 물들여 지금도 바위 색은 붉은 색을 띠고 있다.

虎丘는 오나라 闔閭王陵의 전설에서 비롯된 이름이다. 즉 합려왕의 무덤을 완공한지 3일 만에 능 앞에 호랑이가 나타나서 지키고 있었다는 전설이 전해져 虎丘라 한 것이다. 이곳은 산처럼 보이지만 해발 36미터에 불과하여 산 대신 '丘'라 한 듯하다.

낙천은 평소에 항주와 소주의 자사를 하고 싶어 했는데 결국 뜻대로 모두 이룬 셈이다.

소주에서의 학술대회를 마치고 나는 洛陽으로 갔다.

낙양은 "千年帝都, 牡丹花城"으로 불린다. 즉 낙양은 13王朝의 약 1500여 년에 걸친 都城의 역사가 있고, 아울러 낙양은 예로부터 모란꽃이 유명하였다.

백마사 모란꽃밭: 중국 최초의 절인 '白馬寺'의 모란꽃밭. 낙양은 도처에 모란꽃밭이 있고 모란꽃 공원도 있다.

모란은 百花의 왕이라고 불릴 만큼 아름다우면서 품위가 있어 중국에서는 일찍부터 황실에서 중시하였다. 일찍 우리나라에 모란꽃씨를 보내기도 하였다.

당나라의 太宗은 신라 善德女王한테 三色(붉은색, 보라색, 흰색)의 모란꽃 그림과 꽃씨 서 되를 보내왔다. 왕은 그림을 보고 “이 꽃은 향기가 없다”라고 말씀하셨다. 그리고는 꽃을 뜰에 심으라 하셨는데 꽃이 피고 질 때까지 과연 왕의 말씀대로였다. …… 당시의 신하들이 여쭈었다. “어떻게 그걸 아셨습니까”왕이 대답하기를: “꽃을 그리면서 나비가 없으니 향기가 없음을 알았다. 이는 당의 황제가 과인이 배필이 없음을 놀린 것이다”

初초, 唐太宗送畵牡丹당태종송화모단, 三色紅紫白삼색홍자백, 以其實三升이기실삼승. 王見畫花曰왕견화화왈; “此花定無香차화정무향,” 仍命種於庭잉명종어정. 待其開落대기개락, 果如其言과여기언. ……當時群臣啓於王曰당시군신계어왕왈; “何知花하지화(蛙二事와이사)之然乎지연호?” 王曰왕왈; “畫花而無蝶화화이무접, 知其無香지기무향. 斯乃唐帝欺寡人之無耦也사내당제기과인지무우야.” 『三國遺事·第一卷』

태종이 과연 미혼의 여왕을 놀리려는 의도가 있었는지는 몰라도 모란의 씨앗을 보낸 것은 매우 우호적인 선물이었을 것이다. 모란은 그만큼 당의 황실에서 아끼는 꽃이었다.

낙천은 晩年을 낙양에서 보내며 특히 향산사 如滿여만 스님 등과 ‘香山九老會’를 결성하여 어울리면서 스스로를 香山居士로 칭했다.

香山이란 이름은 불경에서 유래된 것이라 한다. 즉 석가모니 부처의 제자들이 수도하던 곳 중에 향산이 있었고, 이로부터 중국의 도처에 香山寺란 절이 생겨났다. 향산이라는 산 이름도 여기에서 유래된 듯하다.

본래 이곳은 龍門용문으로 불렸다. 伊河라는 강을 사이에 두고 양쪽에 西山과 東山이 있었다. 어느날 隋煬帝수양제가 낙양의 북망산에 올라 남쪽을 바라보니 이 두 산이 마치 龍門처럼 보였다. 그래서 신하들에게 저기가 바로 天子가 내려오는 용문이 아닌가라고 말하면서 왜 여기에 都城을 세우지 않았을까 하고 물었다. 예로부터 하늘의 용이 내려와 천자가 된다는 속설이 있었다. 이에 신하가 옛사람들이 몰라서가 아니고 폐하를 기다린 것이라고 대답하자 수양제가 크게 즐거워하면서 낙양에 東都를 건설하라 했다. 그리고 황궁의 문을 두 산 사이 伊河이하를 마주하게 했고 이로부터 두 산을 용문산이라 부르게 되었다 한다. 그중에 東山의 한쪽 끝 향산사가 있는 곳을 향산이라 불렀다.

용문산은 용문석굴로 더욱 유명해졌다. 당나라 때 측천무후를 비롯한 많은 제왕이나 대신들이 깊은 신앙심에서 산에 수많은 부처 彫像조상을 새겼다. 지금의 관광객들은 향산보다는 주로 용문석굴을 보고 지나간다.

낙천은 新鄭에서 태어나 10여 세까지 그곳에서 자랐다. 신정은 지금 鄭州의 공항이 있는 곳으로 낙양에서는 한 시간 남짓 걸리는 거리이다. 낙천은 자신의 고향보다는 오히려 낙양을 좋아했다. 자신의 마지막 안식처로 낙양을 선택한 이유이다.

낙천은 75세에 운명할 때까지 향산에서 많이 머물렀고 임종 때에는 龍門山 如滿 大師의 탑 옆에 에 묻어달라는 유언을 했다. 그의 무덤은 향산사 옆의 능선 한쪽 끝 멀리 낙양과 북망산을 바라보는 곳에 자리 잡고 있다.

용문석굴; 사진의 중앙은 **奉先寺**라 불리는 석굴 불상인데 무측천이 **脂粉錢**(여인의 개인 돈을 말함)이만 **貫**을 주어 조성했다고 전한다.

백공묘; 묘비에 "**唐少傅白公墓**당소부백공묘"라 쓰여 있다. 낙천이 소부의 관직을 지냈기 때문에 '당소부'라 칭한다.

기념비; 백공묘 옆에는 한국백씨전국종친회에서 세운 기념비가 있었다.

참고문헌

顧學頡 校點, 『白居易集』, 中華書局, 北京, 1988

孫映逵 校注, 『唐才子傳校注』, 中國社會科學出版社, 1991

山東大學文史哲硏究所 主編, 『中國歷代著名文學家評傳·第二卷』, 山東敎育出版社, 1983

넷.
절망의 성인 태백

1. 태백의 강남 유람

앞에서 말한 대로 2001년은 701년에 태어난 이백(字는 太白태백)의 탄생 1300주년이 되는 해였다. 馬鞍山市마안산시에 있는 李白記念館이백기념관의 정문 앞에 마련된 식장에서 10월의 따스한 가을햇빛을 받으며 성대한 기념식이 있었다. 이어서 우리는 배를 타고 長江장강의 한 복판으로 나갔다. 이백의 「望天門山망천문산」이라는 시의 지리적 배경이 된 天門山을 관망하기 위해서였다.

천문산을 바라보며

天門 가운데 楚江으로 잘려 열리니
東流하던 푸른 물 북으로 돌아들고
양안의 청산이 맞대어 드러나는데
조각배 하나 해를 끼고 다가오네

望天門山망천문산

天門中斷楚江開천문중단초강개, 碧水東流至北廻벽수동류지북회.
兩岸青山相對出양안청산상대출, 孤帆一片日邊來고범일편일변래.

천문산은 西梁山서량산과 東梁山동량산(혹은 博望山박망산)을 합쳐 부르는 이름이다. 安徽省안휘성 當塗縣당도현에서의 長江은 거의 南에서 北으로 흐른다. 때문에 當塗縣의 東梁山은 장강의 東岸동안이 되며 맞은 편의 西梁山은 西岸서안이 된다. 이 두 산이 양쪽에 마주보고 있는 모습이 마치 하늘의 문과 같다 하여 天門山이라 하였다.

楚江은 이곳이 옛날 초의 땅이었음을 말한다. 장강의 도도한 물결이 산의 중간을 가르면서 관통하여 초강을 열었음을 의미한다. 천문산을 지나는 이곳은 두 산에 의해 협곡이 되어 있고 여기를 지나면 장강은 다시 바다처럼 넓어진다. 그래서 물결이 양안에 소용돌이를 일으키며 협곡을 지나서 줄곧 북으로 흐른다.

이때 눈을 들어보면 양안의 청산이 마주한 채 나타나는 것이다.

물결이 동량산에 부딪혀 배가 잠시 서쪽으로 향할 때 뒤로 해를 업고 다가오는 한 조각배가 눈에 들어온다.

태백은 25세쯤 洞庭湖동정호와 廬山여산을 거쳐 이곳을 지나게 되었다. 태백은 만년에 다시 當途당도에 오게 되고 여기에서 세상을 떠났다. 當途는 지금의 安徽省안휘성 馬鞍山市마안산시에 속한 縣현의 명칭이다. 이백기념관이 마안산시에 있는 이유이다.

당도는 본래 태백의 연고가 없는 곳이었다. 이백기념관은 四川省사천성의 成都성도에도 있고 湖北省호북성의 安陸안륙에도 있다. 성도는 태백이 어린 시절을 보낸 곳이며, 안륙은 태백이 첫 결혼시절을 보낸 곳이다. 그리고 당도는 태백이 만년을 보내고 아울러 영면을 한 곳이며 그의 묘가 있는 곳이다.

태백은 이곳 당도를 지나 남경 쪽으로 유람을 하였다.

長干行장간행

첩의 머리 막 이마를 덮으니
꽃을 꺾어 문 앞에서 놀았지요
서방님은 죽마를 타고 와서
우물가를 돌며 청매를 꺾었어요
함께 장간리에 살면서
두 아이는 천진난만했어요
열넷에 당신의 아내 되어
부끄러움에 얼굴을 들지 못하고

고개 숙여 어두운 벽을 향한 채
천 번을 불러도 대답 못 했어요
열다섯에 비로소 미간을 폈고
먼지와 재처럼 되기를 바랬지요
언제나 견고한 믿음을 가졌는데
어찌 망부대에 오르게 될 줄이야
열여섯 당신은 먼 길을 떠났어요
瞿塘구당의 험한 灩預堆염예퇴를 지나면서
5월의 강물 암초를 피했겠지요
원숭이 하늘에서 구슬피 울거늘
문 앞의 당신 떠난 자리에는
하나하나 푸른 이끼 돋았고요
이끼가 깊어 벗겨지지 않아요
이른 가을바람에 낙엽이 지고
8월에 나비가 날아오더니
쌍쌍이 서쪽 풀밭을 나는군요
이에 첩의 마음 아파오고
늙어가는 홍안이 서러워요
언제든 三巴삼파를 지나겠지요
편지라도 집에 알려 주세요
멀다 하지 않고 마중 갈게요
장풍사까지라 해도 가겠어요

長干行 (其一)

妾髮初覆額첩발초복액, 折花門前劇절화문전극.
郎騎竹馬來낭기죽마래, 繞床弄青梅요상농청매.
同居長干里동거장간리, 兩小無嫌猜양소무혐시.
十四爲君婦십사위군부, 羞顏未嘗開수안미상개.
低頭向暗壁저두향암벽, 千喚不一回천환불일회.
十五始展眉십오시전미, 願同塵與灰원동진여회.
常存抱柱信상존포주신, 豈上望夫台기상망부태!
十六君遠行십육군원행, 瞿塘灩預堆구당염예퇴.
五月不可觸오월불가촉, 猿鳴天上哀원명천상애.
門前遲行跡문전지행적, 一一生綠苔일일생록태.
苔深不能掃태심불능소, 落葉秋風早낙엽추풍조.
八月蝴蝶來팔월호접래, 雙飛西園草쌍비서원초.
感此傷妾心감차상첩심, 坐愁紅顏老좌수홍안로.
早晚下三巴조만하삼파, 預將書報家예장서보가.
相迎不道遠상영불도원, 直至長風沙직지장풍사.

태백이 26세 쯤 남경에 처음으로 와서 지은 시이다. 長干은 지금의 江蘇省강소성 南京市남경시의 中華門중화문 밖 秦淮河진회하의 남쪽에 있었던 長干里를 말한다. 秦淮河는 長江의 지류였고, 당시 선박운수업이 발달하면서 선박이 많이 드나드는 곳이었고, 장간리는 바로 이러한 선박들이 모여들면서 형성된 상업 지역이었다.

당시의 선박은 단순한 운송수단만이 아니고 생활하는 거주공간이기도 했다. 陸路육로와 水路수로가 만나는 장간리는 춘추시대의 越월

나라 城성이 있었던 곳으로 일찍부터 번화한 곳이었다. 가까이에 長干路장간로와 長干村장간촌이라는 지명이 아직도 전한다.

秦淮河에서 배를 타고 장강으로 나가면 망망하기가 바다와도 같았을 것이다. 풍랑이 센 강을 따라 오르내리는 것은 목숨도 오락가락하는 어려운 길이었을 것이다. 어려서부터 죽마를 타고 와서 호감을 보이던 남자한테 시집을 와서 한 남자의 아내로 변신해가는 모습이 역력하다.

여기에서 '靑梅竹馬청매죽마'라는 成語성어가 생겼다. 즉 어려서부터 함께 자라며 서로 좋아하는 사이가 된 것을 말한다. 결혼을 하면 남자는 한 여자의 남편이 되고, 여자는 한 남자의 아내가 되어 살아가는 것이 옛날 보편적인 모습이었다.

장간행은 본래 長干曲이라고도 하며 장강 하류의 민가였다. 『樂府詩集악부시집』에 전하는 장간행이다.

장간곡

풍랑이 배를 막으려 하지만
조각배 요동쳐도 겁나지 않네
첩의 집은 양주에 있으니
광릉의 파랑에 익숙하다네

長干曲

逆浪故相邀역랑고상요,　　菱舟不怕搖능주불파요.
妾家揚子住첩가양자주,　　便弄廣陵潮편농광릉조.

즉 장간에 사는 주민들이 배를 타고 다니며 겪는 일상생활을 적은 노래이다. 이렇게 악부시의 제목으로 전해지면서 唐代에도 여러 사람들이 이 제목으로 시를 지었다.

태백은 남경에서 깊은 인상을 받았다.

금릉의 술집에서의 유별

바람 따라 버들 향기 술집에 가득
오희가 술 걸러 맛보시라 부르네
금릉의 자제들 서로를 보내는데
갈 듯 말 듯 술잔만 비워내는구나
장강 물에 한번 물어 보시게나
이별의 정과 뭐가 더 길고 짧은지

金陵酒肆留別금릉주사유별

風吹柳花滿店香풍취류화만점향,　　吳姬壓酒喚客嘗오희압주환객상.
金陵子弟來相送금릉자제내상송,　　欲行不行各盡觴욕행불행각진상.
請君試問東流水청군시문동류수,　　別意與之誰短長별의여지수단장?

금릉은 남경의 별칭이었다. 태백이 26세의 나이에 남경을 떠나 揚州양주로 가면서 친우에게 남긴 이별의 시이다. '留別유별'은 떠나는 사람이 자신을 배웅해 주는 사람한테 주는 시나 기념품을 말한다. '送別송별'은 반대로 떠나는 사람한테 주는 것이다.

여기에서는 길을 떠나는 태백이 포구의 술집에서 친구와 餞別전별을 하고 있는 정경이다. 당시의 교통수단이 주로 배이기 때문에 포구에서 술을 한잔 하며 배웅을 하는 것이 흔한 전별의 모습이었다.

남경은 옛날 吳나라의 수도였던 곳이다. 지금은 많이 위축되었지만 당나라 때만 해도 크게 번화한 곳이었다. 현대의 도시는 고속도로를 끼고 있어야 발달하지만 당시의 도시는 강을 끼고 있으면 번화할 수밖에 없다. 당시의 남경이나 양주는 내륙으로 들어가는 수많은 물자와 사람들이 모여드는 곳이었다.

지금은 버들 꽃이 피어 바람에 날리는 봄날이다. 술집에는 술과 꽃의 향기가 가득한데 오나라의 미인이 술을 새로 걸렀다고 맛보라 한다. 남경이 오나라였고 오나라는 미인이 많기로도 유명했다. 친우를 떠나는 서운한 마음을 달래기로 여기보다 더 좋은 곳이 있겠는가?

봄의 향기가 술잔에 얹혀 흐르는데 곁에서는 오나라의 美姬미희가 시중을 드니 금릉의 젊은이들 가야한다고 말만 할 뿐 일어설 줄 모르고 연신 술잔을 비워댄다.

중국의 강은 서쪽의 수천 미터 고원지대로부터 발원하여 수만리의 강줄기를 이루어 동쪽으로 흐른다. 당신아 저 물에 물어보아라. 우리가 헤어질 때 다 풀지 못하는 애틋한 실타래의 길이가 저 물보다 더 길지 않겠는가? 이렇듯 절묘한 비유는 태백이 아니라면 생각하기 어려울 것이다.

2. 태백의 첫 결혼

태백의 결혼에 관한 기록은 찾기가 어렵다. 당시 魏顥위호라는 사람이 태백을 숭배하며 따랐는데, 태백도 그를 좋아하여 자신의 詩文을 주면서 정리를 맡겼다. 위호가 이를 묶어 『李翰林集이한림집』이라 하고 자신이 서문을 썼다. 여기에 다행히 태백의 혼인과 자녀에 관한 언급이 있었다.

> 이백은 처음 許氏를 맞아들여 딸 하나에 아들 하나를 두었다. 아들은 명월노라 했고 딸은 시집가서 죽었다. 이백은 다시 유 씨와 함께 살다 결별했고, 이어서 魯의 한 여인과 동거하여 아들 頗黎를 낳았다. 그리고 마지막으로는 宗 씨 부인을 맞았다.
>
> 白始娶于許백시취우허, 生一女一男생일녀일남, 曰明月奴왈명월노, 女旣嫁而卒여기가이졸. 又合于劉우합우유, 劉訣유결. 次合于魯一婦人차합우노일부인, 生子曰頗黎생자왈파려. 終娶于宋종취우송(宗之誤종지오).

태백은 두 번의 결혼과 두 번의 동거(정식 결혼을 하지 않고 함께 살았다는 뜻)가 있었다고 보인다.

태백은 장강을 따라 약 3·4년의 유람을 하다가 27세에 안륙이라는 곳에 이르게 되었다. 태백은 漢代한대의 司馬相如사마상여(B.C. 179 - 118)를 존경했다. 그런데 사마상여의 『子虛賦자허부』에 楚초나라의 경관에 대한 극찬의 내용이 있었고, 안륙은 초나라의 문화 발상지이기도 했다. 천하의 의미 있는 곳을 찾아 주유하던 태백에게 안륙은 찾아볼만한 충분한 이유가 있었다.

이렇게 찾아간 안륙은 태백에게 일생의 중대한 인연의 장소가 되었다. 그곳은 宰相재상을 지냈던 許圉師허어사의 고향이었고, 태백은 우연하게 그 아들 許梓芝허재지와 교유하면서 재지의 딸 許紫煙허자연도 알게 되었다.

태백은 여행 중으로 일정한 거처가 없었기 때문에 許氏허씨 집에서 상당 기간을 손님으로 머물렀고, 따라서 紫煙자연과는 자연스럽게 사귈 수가 있었던 것 같다. 당시의 풍속에 남녀의 만남이 지금 우리가 생각하는 것처럼 그렇게 엄격하고 경직된 것만은 아니었다. 자연은 재색을 겸비한 소녀였다. 태백도 용모와 재주가 걸출한 인물이었다. 자연스럽게 결혼이 이루어졌다.

그러나 다소 이상한 느낌을 주는 결혼이었다. 태백이 머물던 집에서 아예 눌러앉은 데릴사위가 되어 처가살이를 하는 결혼이었다. 당시에도 데릴사위는 흔하지 않은 어느 정도는 굴욕적인 결혼이라는 인식이 강한 편이었다. 그러나 태백은 이에 별로 개의치 않았던 것으로 보인다. 뿐만 아니라 결혼하자 곧 비교적 한적하고 편안한 10여 년의 세월을 보냈다.

산에서의 문답

왜 푸른 산에 사느냐고 묻는다면
웃을 뿐 마음은 저절로 한가롭네
복숭 꽃 물 따라 아득히 흘러가니
세상 밖 또 다른 천지가 있었구나

山中問答산중문답

問余何意棲碧山문여하의서벽산, 笑而不答心自閑소이부답심자한.
桃花流水窅然去도화유수요연거, 別有天地非人間별유천지비인간.

태백이 안륙에 오기 전에는 揚州양주에서 1년 정도를 머물렀는데, 그곳에서 가진 돈 30만 냥을 모두 탕진했다. 태백은 궁핍한 처지가 되었고, 이때 마침 재상을 지냈던 명문가에 데릴사위로 들어가게 된 것이다.

고향을 떠나 3·4년을 호기롭게 떠돌다 결국 날개 잃은 大鵬대붕이 되었다가 안륙에서 몸을 기탁할 곳을 찾았다고 할 수 있을 것이다. 태백으로서는 처음으로 찾은 안정이고 또한 방랑 후의 어지러움을 달랠 수 있는 한가한 시간이었다고 보인다.

여기의 산은 안륙의 白兆山백조산이라 한다. 풍광이 빼어난 이곳에서 책을 읽고 술을 마시며 태백의 일생에서 가장 특별하고 즐거웠던 신혼생활을 하였다고 보인다. 태백에게 이렇듯 "세상 밖 또 다른 천지(別有天地非人間)"는 여기가 유일하였다.

특히 허 씨 부인도 학문이나 문학적 소양이 깊었다. 태백이 악부시 하나를 지어 부인에게 주었다.

오랜 그리움

해가 지려니 꽃은 연무를 머금고
비단 달빛에 시름겨워 잠 못 들어
봉황을 새긴 趙瑟을 당겨 뜯다가
蜀琴을 들고 원앙 현을 탑니다
이 곡의 情意를 전할 사람 없으니
춘풍 따라 변방으로 전해 봅니다
아득한 하늘 밖 당신을 생각하니
옛적 당신을 보던 눈
지금은 눈물샘이 되었어요
장을 에이는 그리움 못 믿는다면
돌아와 거울 앞의 저를 보소서

長相思장상사

日色欲盡花含煙일색욕진화함연, 月明欲素愁不眠월명욕소수불면.
趙瑟初停鳳凰柱조슬초정봉황주, 蜀琴欲奏鴛鴦弦촉금욕주원앙현.
此曲有意無人傳차곡유의무인전, 願隨春風寄燕然원수춘풍기연연.
憶君迢迢隔青天억군초초격청천, 昔日橫波目석일횡파목,

今作流涙泉금작유루천.　不信妾斷腸불신첩단장,
歸來看取明鏡前귀래간취명경전.

해가 질 때쯤이면 들판의 꽃에는 연무가 내려앉는다. 이어서 달빛이 하얀 비단으로 세상을 덮은 듯하다. 꽃피는 봄이나 달빛 내리는 밤이면 그리움은 더욱 깊어진다. 趙瑟조슬과 蜀琴촉금은 당시 유명했던 악기일 것이다. 지금은 다만 악기를 꺼내 임 향한 그리움을 달래볼 뿐이다.

이 노래에 나의 마음이 담겨 있지만 전해줄 사람 없으니 춘풍에라도 실려 보낼거나? 당신이 있는 곳은 아득하기가 하늘 밖처럼 느껴진다. 당신에게 추파를 던져보던 옛날의 눈은 지금 눈물샘이 되어 한없이 눈물만 흐를 뿐이다. 이토록 애타게 그리워하는 마음을 혹시라도 못 믿겠거든 당신 돌아와서 거울 앞의 초췌한 내 모습을 보소서.

이 시를 보던 태백의 부인이 넌지시 한마디 했다. “당신은 武后무후의 ‘不信比來長下泪불신비래장하루, 開箱驗取石榴裙개상험취석류군’라는 글을 보지 못 했나요” 이 말에 태백은 茫然自失망연자실했다 한다. 자신이 무후의 시를 흉내 낸 구절을 들킨 꼴이 되었기 때문이다.

武則天무칙천(624 - 705)은 唐 太宗 때 14세의 나이로 궁에 들어왔다. 태종은 그녀를 5품의 才人재인으로 임명했지만 특별한 총애는 없었던 것으로 보인다. 그런데 태종의 와병 중에 문병을 자주 오던 태종의 아들 李治이치(후의 高宗)의 눈에 들게 되었다. 649년 태종이 붕어하자 后宮후궁의 관례에 따라 무측천은 자녀가 없는 嬪妃빈비들과 함께 장안 感業寺감업사의 비구니로 보내졌다.

이듬해 650년 고종은 태종의 忌日기일을 맞아 감업사에 추모제를 갔다가 무측천을 다시 만나게 되었고, 이어서 651년에 이미 임신한 몸으로 다시 입궁을 하면서 고종의 총애를 받았다. 이때쯤 무측천이 고종을 생각하면서 쓴 시가 있었다. 태백의 부인이 위에서 언급한 시이다.

如意 소녀

붉은 꽃 푸른 잎만 남아 그리움 분분
앙상하게 늘어져 당신을 생각합니다
근래의 오랜 눈물을 믿지 못하겠거든
옷상자 열어 석류 치마 꺼내 보소서

如意娘여의랑

看朱成碧思紛紛간주성벽사분분, 憔悴支離爲憶君초췌지리위억군.
不信比來長下泪불신비래장하루, 開箱驗取石榴裙개상험취석류군.

붉은 꽃이 모두 떨어지고 푸른 잎만 남도록 그리움만 어지러웠다. 몸은 초췌해지고 힘이 없는데 오직 당신 생각뿐이라. 혹시라도 이 말을 믿지 못하겠거든 내 방의 옷상자를 열고 석류치마를 꺼내

보소서. 붉은 치마 눈물 자국 가득할 것이요.

무측천은 고종과의 이러한 깊은 사랑을 바탕으로 후일 중국 역사에서 유일한 정식 여자황제가 되었다.

그런데 위 태백의 시에서 무측천의 시와 매우 흡사한 두 구절이 보인다. 즉, "장을 에이는 그리움 못 믿는다면 돌아와 거울 앞의 저를 보세요(不信妾斷腸, 歸來看取明鏡前)"와, "근래의 오랜 눈물을 믿지 못하겠거든 옷상자 열어 석류 치마 꺼내 보소서(不信比來長下泪, 開箱驗取石榴裙)"라는 구절이 거의 같다.

태백의 부인은 태백의 시에서 무측천의 시와 거의 같은 구절을 발견하고 바로 지적을 한 것이다. 이에 태백이 부인한테 민망한 모습이 되었을 것이다. 물론 표절은 아니다. 하나의 전고로 사용했지만 부인이 원전을 들먹이니 마치 훔쳐 쓴 것처럼 되었다.

태백도 이렇듯 문학적 소양이 깊은 부인과 결혼을 하여 크게 위안을 받을 수 있었다고 보인다. 즉 지금껏 만나보지 못한 특별한 知己를 만난 것이다. 태백의 부인에 대한 사랑은 매우 애틋했다.

아내에게

삼백육십 일을
날마다 술에 떡이 되거니
이백의 아내라고 하지만
태상의 처와 무에 다르나

贈內증내

三百六十日삼백육십일, 日日醉如泥일일취여니.
雖爲李白婦수위이백부, 何異太常妻하이태상처?

太常妻: 漢나라 때 周澤이라는 사람이 太常(宗廟儀禮를 관장하는 벼슬)의 관직에 있었다. 그는 평소 깨끗하고도 고운 품성으로 공경을 다하여 종묘의 임무에 성실했다. 한 번은 그가 齋宮에서 병으로 누웠는데, 그의 아내가 늙은 몸에 병이 난 것이 애처로워 몰래 들어와 문병을 하였다. 周澤이 크게 노하였다. 그는 아내를 齋禁(齋戒 중에 지켜야 할 禁忌 사항)을 어겼다 하여 잡아서 감옥에 보내 죄를 묻게 했다. 당시의 사람들이 그의 이러한 괴이한 행동을 두고 말을 하였다. "살아서 함께 하지 못하니 태상의 아내라. 일 년 삼백육십 일에 삼백오십구 일을 재계 한다네" 《後漢書 · 儒林傳下 · 周澤》

태상의 아내는 일 년 내내 남편의 얼굴 한 번 보지 못한다. 일 년 열두 달을 재궁(제사를 지내는 곳)에 들어가 있으니 특히 부인과는 멀리해야 하는 처지에 있다. 그나마 재궁에서 나오는 하루는 술이 곤죽이 되도록 마셨다 한다. 일 년을 재계(술은 물론 음식도 채식을 하며 언제나 몸과 마음을 깨끗이 해야 하는 제사기간의 생활을 말한다.)로 보내다 보면 아내보다도 술이 더 급했을지도 모르지만 부인으로서는 참기 어려운 일이었을 것이다.

태백은 평생 술과 함께 지냈다. 마지막에도 술병을 끼고 죽었다. 고정된 일이 없이 평생을 보낸 태백에게 중단 없이 한 일이 있다면 바로 음주였다. 술은 어찌 보면 태백이 세상을 바라보고 세상을 느끼게 해주는 매체의 역할을 했다고 볼 수도 있다.

술을 드시오

당신은 모르시나
황하의 물 하늘에서 내려오면
바다로 급히 흘러 못 돌아옴을
당신은 모르시나
어르신 거울의 백발이 슬프니
아침 청사더니 저녁에 서리라
인생에 뜻을 얻을 때 즐겨야지
빈 금잔으로 달을 대하지 말게
하늘이 나를 냄은 쓸모 있으리
천금을 다 써도 또 돌아오려니
양 삶고 소 잡아 더 즐거워야지
한번 마시면 삼백 잔은 해야지
잠 선생 단구 형
술 드시요 잔 멈추지 마시요
당신께 노래 한 곡 하리니
청하거니 귀 기울여 들어주시오
좋은 음악과 음식만으로 부족하니
오래 취해 깨지 않으면 될 일이요
예로부터 성현은 모두 적막했으나
다만 마시는 사람만 이름을 남겼소
진왕은 옛적 평락의 연회에서
만 냥의 말술로 마음껏 즐겼다오
주인이 어찌 돈이 없다 하리오
바로 술을 사다 당신과 대작 하리니
오화의 말 천금의 옷
아이 불러 술과 바꾸어 오게 하리다
당신과 함께 만고의 시름을 삭이려오

將進酒장진주

君不見군불견, 黃河之水天上來황하지수천상래, 奔流到海不復回분류도해불부회!

君不見군불견, 高堂明鏡悲白髮고당명경비백발, 朝如青絲暮成雪조여청사모성설!

人生得意須盡歡인생득의수진환, 莫使金樽空對月막사금준공대월.

天生我材必有用천생아재필유용, 千金散盡還復來천금산진환부래.

烹羊宰牛且爲樂팽양재우차위악, 會須一飮三百杯회수일음삼백배.

岑夫子잠부자, 丹丘生단구생.

將進酒장진주, 杯莫停배막정,

與君歌一曲여군가일곡, 請君爲我傾耳聽청군위아경이청.

鐘鼓饌玉不足貴종고찬옥부족귀, 但願長醉不用醒단원장취불용성.

古來聖賢皆寂寞고래성현개적막, 惟有飮者留其名유유음자류기명.

陳王昔時宴平樂진왕석시연평락, 斗酒十千恣歡謔두주십천자환학.

主人何爲言少錢주인하위언소전? 徑須沽酒對君酌경수고주대군작.

五花馬오화마, 千金裘천금구.

呼兒將出換美酒호아장출환미주, 與爾同銷萬古愁여이동소만고수.

736년 36세 때 岑勳잠훈과 함께 嵩山숭산의 元丹邱원단구가 있는 곳에서 함께 술을 마시며 쓴 시로 알려져 있다.

황하는 그 길이가 약 5500킬로미터 쯤 되는 중국에서 두 번째 큰 강이다. 황하의 발원지는 青藏高原청장고원인데, 높이가 평균 4~5000미터이다. 이렇듯 높은 고원에서 흘러내리기 때문에 하늘에서라 했다. 아울러 높은 곳에서 흘러내리니 물살이 셀 수밖에 없을 것이다. 바쁘게 흐른다는 것도 그냥 한 말이 아니다.

바다는 모든 물이 마지막으로 흘러드는 곳이다. 그리고 다시 돌아가지 못한다. 물만 그러한가? 사람도 한 세대 한 세대 지나가면 다시 되돌리지 못한다. 물살이 급한 것은 지형 때문이라 하지만 사람은 왜 그리 급한가?

거울 앞의 어르신들 젊었던 시절이 엊그제 같기만 한데 어느새 흰머리가 뒤덮였다. 生老病死생로병사의 한 주기가 채워지는 세월의 빠르기가 단지 朝夕조석 간의 차이처럼 느껴진다. 우리도 물 같아 한 번 가면 다시 오지 못하는데 우리의 세월도 물살만큼이나 빠른 것이다.

天地라는 것은 만물이 잠시 머물다 가는 호텔과 같은 곳이다. 세월이라는 것도 百代의 세대가 나그네로 지나가는 길목일 뿐이다. (“夫天地者부천지자, 萬物之逆旅也만물지역려야 ; 光陰者광음자, 百代之過客也백대지과객야”「春夜宴從弟桃李園序춘야연종제도리원서」) 즉 우리는 어느 공간도 어느 시간도 주인으로 점유하는 것이 아니고 잠시 셋방처럼 머물다 갈 뿐이다.

사람마다 태어날 때 이미 자신의 역할이 있는 것이다. 어찌 노심초사하면서 불안한 삶을 살 것인가? 돈이란 돌고 도는 것이니 어찌 인색한 삶을 살 것인가? 술이란 많이 마실수록 좋은 것 아닌가? 더욱이 친구가 있어 함께 대작하는 이 즐거움을 무엇을 위해 포기할 것인가?

반드시 화려한 술자리일 필요는 없다. 단지 오래도록 취할 수 있으면 되는 것이다. 예로부터 성현이라 해서 모두 기억하는 것은 아니다. 이 부분은 孔子와 같은 성인성현을 부정하는 것이 아니다. 자신과 같은 훌륭한 사람을 몰라주는 세태를 풍자한 것이다.

曹植조식 같은 인물은 훌륭했지만 결국 왕이 된 형 曹丕조비에 의해 멀리 쫓겨나지 않았는가? 그러나 사람들은 그가 훌륭했던 면보다는 술을 잘 했다는 사람으로 기억한다. 실제로 조식은 어려서 총명하여 부친 曹操조조의 총애를 받았으나 술을 좋아하고 文弱문약하여 밀려났다고 전해진다.

술은 왜 마시는가? 예나 지금이나 사람 사는 곳이라면 언제나 근심 걱정이 있다. 이러한 "만고 이래의 시름" 때문에 사람들은 편해질 수가 없는 것이다. 술은 그래서 마신다. '시름'을 젖혀 두고 인생의 즐거움을 한껏 향유하는 길을 열어 보여 주겠다. 태백은 이렇게 자신의 길을 열었고 그리고 대박 성공을 했다.

당시로부터 지금까지 얼마나 많은 사람들이 태백을 통해 술을 마실 명분을 찾으며, 또한 술을 통해 시름을 잊고 안위를 얻으며 아울러 즐거움으로 승화하였는가? 이것은 분명 성인성현이 이루지 못한 경지이다. 성인성현이 미치지 못한 또 다른 인간 세상에서 태백은 또 다른 성인으로 추앙받아 온 것이다.

태백은 술을 좋아했고 술을 詩歌시가에 올려 세상 사람들에게 술을 마실 훌륭한 명분을 제공했다. 그러나 함께 사는 부인에게는 더

할 수 없는 고통이었을 것이다. 아마도 태백은 이 부분에서 항상 부인에게 크게 미안해하고 있었던 듯하다.

그러나 결혼 10여 년 만에 허 씨 부인은 병으로 세상을 떴다. 그 사이에 일남 일녀를 두었다. 장녀는 平陽평양이라 했고, 아들은 伯禽백금(앞의 명월노)이라 했다. 부인의 죽음으로 태백의 비교적 무난했던 가정생활은 붕괴되고, 파란만장의 어려운길로 접어들게 되었다.

태백은 데릴사위로 처가살이를 하고 있었다. 그러나 부인이 없는 지금 계속 처가에 머무는 것은 앞뒤로 막막한 일이었을 것이다. 태백은 안륙에서의 생활을 접고, 두 아이를 데리고 東魯동로(지금의 山東省)로 이사를 했다.

3. 태백 황제의 부름을 받다

안륙을 떠나 동로로 온 태백은 아마도 아이들 때문에 다른 여인들과 함께 지냈던 적이 있었던 듯하다. 위호는 태백이 안륙을 떠난 이후로 劉氏유씨 성을 가진 여인과 함께 살았으나 곧 헤어졌고, 다시 魯노의 한 여인과 함께 살았으며 이 여인이 아들(頗黎파려)까지 낳았다 했다. 그러나 이 아들에 대해서는 전혀 다른 기록이 없다.

이 두 여인과는 결혼이 아니고 단지 동거 정도였음을 암시하였다. 그러나 이 두 여인들은 아이들에게도 물론 태백 자신에게도 좋은 역할을 해주지는 못했던 것 같다. 어쨌든 태백이 동로에서 정착했다는 흔적은 보이지 않는다. 다만 아이들만 오래도록 동로에서 살았다.

742년 42세에 태백은 지금까지 평생을 기다려온 소식을 드디어 받았다. 즉 장안의 황궁으로부터 당 현종의 부름을 받은 것이다. 세상을 얻은 듯 한 태백은 아이들과 이별을 하려고 집을 들렀다.

南陵에서 아이들과 헤어져 경성으로 가다

새 술 익어 산에서 돌아오자
황계가 가을나락에 토실하여
닭 삶게 하고 백주를 마시니
아이들 좋아라 옷깃을 잡누나
취기에 노래를 불러 안위하려
춤추니 석양과 빛깔을 다투네
천자를 뵈려니 이르지 않구나
먼 길 채찍으로 말 달려가리라
회계의 愚婦우부 매신을 버렸거니
나도 집을 떠나 장안에 가거늘
앙천대소하며 집을 나서노라
내 어찌 草野초야의 사람이겠는가

南陵別兒童入京남릉별아동입경

白酒新熟山中歸백주신숙산중귀, 黃雞啄黍秋正肥황계탁서추정비.
呼童烹雞酌白酒호동팽계작백주, 兒女嬉笑牽人衣아녀희소견인의.
高歌取醉欲自慰고가취취욕자위, 起舞落日爭光輝기무낙일쟁광휘.
遊說萬乘苦不早유세만승고불조, 著鞭跨馬涉遠道저편과마섭원도.
會稽愚婦輕買臣회계우부경매신, 余亦辭家西入秦여역사가서입진.
仰天大笑出門去앙천대소출문거, 我輩豈是蓬蒿人아배기시봉호인?

여기에서 南陵남릉은 東魯동로의 한 지역이다. 마침 술이 익고 가을 나락을 주워 먹은 닭들은 알맞게 살이 올랐다. 술에는 淸酒청주와 白酒백주가 있는데 백주는 탁주를 의미한다. 지금은 고량주를 백주라 하지만 당시에는 이러한 증류주는 아직 없었던 시대였다.

호기를 부리며 닭을 잡게 하고 술을 마시니 아이들이 덩달아 즐거워한다. 일어나 高聲放歌고성방가하며 춤을 추니 나의 위용이 석양의 광휘에 못하지 않는다. 얼마나 기다리고 기다리던 소식이었나? 이제 천자를 알현하고, 지금까지 켜켜이 쌓아둔 治國平天下치국평천하의 방도를 아뢰어 평소의 큰 뜻을 펴게 될 것이다. 많이 늦은 감이 있으니 마음이 급하다. 어서 빨리 말을 달려 장안으로 가야 하리라.

여기에서 태백은 갑자기 알쏭달쏭한 典故전고를 끌어 썼다. 즉 朱買臣주매신(生卒未詳생졸미상)에 관한 고사이다.

매신은 西漢서한 때 會稽회계(지금의 江蘇省 蘇州境內) 사람이었는데, 집이 가난하여 땔나무를 팔아 연명했다. 그러나 워낙 학문을 좋아해 땔나무를 지고 가면서도 큰 소리로 암송을 했다. 부인도 짐을 지고 따라가면서 가난한 처지에 무슨 글공부냐 하면서 몇 차례나 말렸다. 매신은 그럴수록 더 크게 했고, 부인은 부끄럽다고 떠나려 했다. 매신은 웃으며 말했다. "내 나이 50이면 부귀해질 것이오. 지금 이미 40이 넘었네. 당신이 오래도록 고생했으니 내가 부귀해지면 당신의 공에 보답할 것이오." 부인이 분노하며 말했다. "당신 같은 사람이 시궁창에서 굶어죽지 어떻게 부귀해질까" 매신이 만류하지 못하고 부인은 떠났다.

후에 매신이 회계의 태수가 되어 가는 길에 옛 부인이 자신의 새 남편과 함께 길 닦는 일을 하는 것을 보았다. 매신이 그들을 수레에 태우게 하여 태수의 관저로 데리고 와서 살게 했으나, 한 달 만에 부인은 자결을 했다.

태백은 이때 劉氏가 아니면 '魯의 한 여인'과 동거할 때다. 고사의 내용으로 보아서는 여인을 염두에 두고 한 말처럼 보이기도 한다. 아무래도 이 여인들과 잘 지냈다는 징후는 보이지 않기 때문이다. 즉 두 여인 중 한 여인을 '愚婦우부'라 한 것이다. 그러나 좀 더 포괄적으로 이제까지 자신을 알아주지 못한 주변의 모든 사람들 지칭했다고 볼 수도 있겠다. 어쨌든 지금 태백은 최고로 氣기가 올라 있다.

태백은 이렇게 머리는 하늘을 향한 채 한껏 크게 웃으며 장안으로 들어가 황제를 알현하였다. 그러나 태백은 翰林待詔한림대조라는 벼슬 아닌 벼슬을 받았고 황제는 술자리 외에서는 태백을 찾지도 않았다. 즉 태백과 政事정사를 거론하는 일은 없었던 것이다.

가령, 743(혹은 744)년 어느 봄날 당 현종은 양귀비와 궁중의 沈香亭심향정에서 모란꽃을 감상하고 있었다. 당시 심향정 주변에는 진귀한 각종 모란꽃을 심었는데, 꽃이 피면 자홍 분홍 흰색 등의 꽃들이 피어 매우 보기 좋았다.

막 歌舞가무를 준비하려 할 때 현종이 명을 내렸다. "名花명화를 감상하는데 어찌 양귀비한테 지나간 구닥다리 노래를 할 수 있겠는가? 이백 한림을 불러 새로운 노래를 짓도록 해라"

이때 태백은 술집에서 이미 술에 취해 누워 있었다. 신하들이 급히 일으켜 찬물로 정신을 차리게 해서 궁 안으로 데려왔다. 태백은 高力士고력사한테 신발을 벗기게 하고 楊國忠양국충한테 먹을 들게 했다. 오만방자한 이 일은 당연히 멀지 않은 뒷날 태백에게 禍根화근이 되었다.

그러나 태백은 이 자리에서 현종과 양귀비가 크게 만족하는 시를 지어 바쳤다. 「淸平調청평조」 三首삼수가 이렇게 지어졌다.

청평조사 (其一)

구름 같은 옷이요 꽃 같은 얼굴
춘풍이 난간 넘어 이슬 농염한데
군옥산 기슭에서 만나지 않았다면
요대의 월광 아래에서 보았으리

淸平調詞 (其一)

雲想衣裳花想容운상의상화상용,　　春風拂檻露華濃춘풍불함로화농.
若非群玉山頭見약비군옥산두견,　　會向瑤臺月下逢회향요대월하봉.

찬란한 구름을 보면 양귀비의 옷 같고, 화려한 꽃을 보면 역시 귀비의 얼굴이 떠오른다. 춘풍이 넘나드니 이슬 먹은 모란꽃처럼 더욱 농염한데 군옥산이나 요대의 선녀처럼 아름답기만 하다.

모란꽃 자체도 화려하고 예쁘지만 그 옆에 양귀비가 있으니 그야말로 仙境선경이 따로 없다. 자연의 아름다운 꽃도 형용하기 어렵지만 양귀비도 선녀를 빌리지 않고서는 형용할 길이 없다. 그래서 인간세상이 아니고 신선들이 산다는 군옥산이나 요대에서나 있을 법한 여인으로 비유를 한 것이다. 현종과 양귀비의 기쁨이 말할 수 없었을 것이다.

其二

모란 붉은 꽃이슬에 향을 머금고
무산녀와의 운우는 헛된 정이었네
묻거니 漢宮에서는 누가 비교되나
예쁜 비연이 화장을 마쳤을 때일까

一枝紅豔露凝香일지홍염로응향,　　雲雨巫山枉斷腸운우무산왕단장.
借問漢宮誰得似차문한궁수득사?　可憐飛燕倚新妝가련비연의신장.

붉은 꽃이 머금은 이슬에는 진한 향기까지 녹아있구나. 楚초나라의 襄王양왕이 巫山무산의 선녀와 만나 단장의 情을 나누었다 하나 이는 꿈속의 일이라, 어찌 눈앞의 꽃 같은 얼굴에 비할 수 있으리오! 역사에 아름답다하는 漢나라 때의 여인은 어떠한가? 아무리 예쁘다하는 趙飛燕조비연이라 해도 온갖 화장을 마쳤을 때나 겨우 비교가 될지 모를 일이다.

그러나 이 구절은 후에 高力士고력사가 태백을 음해하는 단서로 쓰였다. 조비연은 궁인이 들고 있는 수정쟁반 위에서 춤을 출 만큼 날씬했다 한다. 이에 비해 양귀비는 풍만한 여인이었다. 고력사는 양귀비한테 태백이 날씬한 조비연으로 양귀비의 풍만한 몸매를 풍자했다고 고의로 곡해를 하여 반감을 사게 만들었다. 결국 태백이 양귀비의 관심 밖으로 밀려나는 원인이 되기도 했다.

其三

名花와 경국지색의 즐거움이라
언제나 군왕의 미소를 받으니
춘풍의 한없는 시기를 알 만하네
침향정 북쪽 난간에 기대었거니

名花傾國兩相歡명화경국량상환, 常得君王帶笑看상득군왕대소간.
解釋春風無限恨해석춘풍무한한, 沉香亭北倚闌干침향정북의난간.

진귀한 名花명화와 傾國之色경국지색의 양귀비가 함께 있으니 군왕이 보기에 얼마나 좋은가? 군왕은 만면에 즐거운 미소를 띠고 보고 또 바라본다. 봄바람인들 어찌 시기하지 않겠는가? 심향정의 난간에 기대어 바라보는 모습이 미인과 군왕 그리고 꽃이 하나가 되어 있구나.

태백이 황궁에서 하는 일이 바로 이러한 것이었다. 즉 황제와 귀비의 흥을 돋우는 일이다. 이것은 태백이 바라던 일이 아니었다.

태백에게 봉해진 '翰林待詔한림대조'는 본래 '翰林學士한림학사'와는 전혀 다른 것이었다. 현종 당시(현종 때 한림 관련 제도가 바뀌었다) 한림학사는 황제의 詔書조서나 聖旨성지 등과 같은 문서를 起草기초하는 임무를 수행하는 매우 중요한 직책이었다. 白居易는 바로 이러한 한림학사의 직책을 수행했었다. 한림학사는 고정된 직급이 없이 일종의 겸직이었다. 백거이는 주질의 현위 때부터 이미 한림학사의 직무를 겸하고 있었다.

그러나 태백이 받은 한림대조는 '翰林供奉한림공봉'이라고도 했는데, 政事정사와는 아무런 관련이 없었다. '待詔'는 문자 그대로 '황제의 부름을 기다린다'는 뜻이다. 즉 황제가 부르면 달려가고 부르지 않으면 할 일이 없는 것이다. '供奉' 역시 제왕을 '侍奉시봉'한다는 뜻이다. 즉 예술의 재능으로 황제를 즐겁게 모시는 것을 의미한다.

따라서 대조에는 예능 분야에 따라 여러 가지가 있었고, 태백은 '詩文待詔'에 속했다. 황제가 필요로 할 때 가서 시문을 지어 올리는 것이다. 마치 모란꽃을 감상하는 자리에 불려가서 「淸平調청평조」를 지은 것과 같다. 태백은 사실상 '御用文人어용문인'에 불과했고, 궁중에서 어떤 관직도 수행한 일이 없었다. 현종은 始終시종 태백에게 파격적인 대우를 해주었지만 이는 단지 藝人예인에 대한 것이었다.

태백은 고향으로 돌아가고 싶다는 상소를 올렸다. 현종은 윤허했고 다소의 재물을 하사했다. 742년 가을 장안에 들어간 태백은 744년 봄에 장안을 나왔다. 햇수로는 3년이지만 실제로는 2년도 안 되는 시간이었다. 태백의 평생 꿈은 이로써 사실상 완전히 사라진 셈이 되었다. 이로부터 태백의 인생은 크게 달라졌다.

4. 살아 한 잔 술(生前一杯酒)

햇수로 3년 전 태백은 앙천대소하면서 "내 어찌 초야의 사람이겠는가"라 외치며 장안에 들어갔다. 그러나 태백은 사람이 바뀌어 장안에서 나왔다. 이제 다시 '초야'로 돌아가고자 하는 것이다.

인생의 길은 선택하기에는 너무 많고, 선택을 하고 나서도 갈 길이 너무 어렵다. 태백은 불혹의 나이가 넘도록 오직 한 길을 향해 꿈을 키웠다. 그러나 그 꿈은 단 2년도 채우지 못하고 부서졌다.

장안에서 나온 태백은 황하의 뱃길에 올랐다. 당시의 주된 교통수단은 배를 타는 것이었고, 태백의 행선지는 우선적으로 아이들이 있는 산동 쪽이었을 것이다. 그러나 태백의 귀향은 매우 느렸다. 태백은 올 때와는 달리 이제는 꿈이 사라진 참으로 힘든 여정에 오른 것이다.

가는 길 어려워 (其三)

귀가 있거든 潁川에 씻지 마소
입으로 수양산 고사리 먹지 마소
낮게 세상 속에 이름 없이 사소
왜 고고하게 구름 달이 되려하오
내가 옛적 현달한 사람들을 보니
성공 후 안 물러난 자는 죽었소
伍子胥는 吳江에 내던져졌으며
굴원은 끝내 상수에 빠져 죽었고
陸機의 재능 자신도 못 지켰다오
이사는 쉬려 했지만 늦어 한이었소
화정의 학 소리 어찌 다시 듣겠소
상채의 매사냥을 말해 무엇 하리오
당신은 모르시오
오 땅의 장한은 통달했거니
가을바람 불자 홀연 강동으로 갔소
살아서 한 잔 술을 즐길 일이지
죽은 후의 천년 이름 무엇 하리오

行路難행로난 (其三)

有耳莫洗潁川水유이막세영천수,　有口莫食首陽蕨유구막식수양궐.
含光混世貴無名함광혼세귀무명,　何用孤高比雲月하용고고비운월?
吾觀自古賢達人오관자고현달인,　功成不退皆殞身공성불퇴개운신.
子胥旣棄吳江上자서기기오강상,　屈原終投湘水濱굴원종투상수빈.
陸機雄才豈自保육기웅재기자보?　李斯稅駕苦不早이사세가고불조.
華亭鶴唳詎可聞화정학려거가문?　上蔡蒼鷹何足道상채창응하족도?
君不見吳中張翰稱達生군불견오중장한칭달생, 秋風忽憶江東行추풍홀억강동행.
且樂生前一杯酒차악생전일배주,　何須身後千載名하수신후천재명?

「行路難행로난」은 태백이 장안을 나오면서 지었다고 보인다. 태백은 본시 허유나 백이와 숙제 같은 고고한 사람은 별로 안중에 없었다. 다만 부귀공명을 이룰 것이라는 믿음은 있었다. 그러나 지금은 이러한 꿈을 접어야 했다. 대신 張翰장한과 같은 사람이 남은 생애의 좌표로 보였다. 죽은 후의 명성보다 눈앞의 한잔 술에 의미를 더 둔 것이다.

堯 임금이 허유에게 천하를 맡기고자 하였다. 이를 들은 허유는 냇가에 가서 귀를 씻었다. 원하지 않는다는 뜻을 보인 것이다.

周나라의 武王무왕이 은나라를 멸망시키고 천하의 宗主國종주국이 되자 伯夷백이와 叔齊숙제가 이를 부끄럽게 여기고 수양산으로 들어가 고사리를 먹으며 연명했다.

우리나라 成三問성삼문(1418 - 1456) 선생의 시조에 수양산 故事고사가 보인다.

> 수양산 바라보며 夷齊이제를 한하노라
> 주려 죽을진들 채미도 하는 것가
> 비록에 푸새엣 것인들 그 뉘 따에 낫더니

고사리도 주나라의 땅에서 낫는데, 굶어죽을지라도 어찌 고사리라고 먹는가? 바뀐 나라를 거부한 백이와 숙제는 고사리로 연명했고, 새 왕을 거부한 선생은 죽음으로 항거했다.

朱義植주의식 선생의 시조는 재치가 있다.

> 주려 죽으려 하고 수양산에 들었거니
> 현마 고사리를 먹으려 캐었으랴
> 물성이 굽은 줄 미워 펴보려고 캠이라

굶어 죽으려고 수양산에 들어갔는데 설마 고사리라도 먹고 살겠다고 캐었겠는가? 고사리가 굽어있는 것이 미워 이를 곧게 펴 볼까 하고 캤지 않았겠느냐는 농담 같은 시조이다.

허유나 백이 · 숙제는 자신을 높여 고고한 인물이 되려 했다. 왜 자신을 낮추고 세상 사람들과 함께 살려 하지 않는가? 역사에 두

드러졌던 영웅호걸들 중에 성공을 하고서도 물러나지 않은 사람은 결국 죽음을 맞이했다. 한번 보자.

오나라의 伍子胥오자서(B.C. 559 - B.C. 484)는 夫差王부차왕(? - B.C. 473)의 충신이었다. 그러나 越월의 句踐王구천왕(B.C. 520 - B.C. 465)이 미인계로 보낸 西施서시를 받아들이지 말라는 忠諫충간을 했지만 부차왕은 듣지 않고 오히려 자서를 죽였다. 결국 오나라는 월나라에 멸망하면서 역사에서 사라졌다.

오자서 사당: 소주의 서남쪽 盤門반문 옆에 있다.

굴원(B.C. 340 - B.C. 278)은 초나라의 大夫대부였지만 역시 왕에게 충간을 하다가 쫓겨났다. 결국 굴원은 湘水상수에 뛰어들어 죽었고, 이 날이 곧 중국의 단오절이 되어 지금도 중국 사람들은 이날 굴원을 추모하는 다양한 행사를 한다.

육기(261 - 303)는 동생과 함께 華亭화정이라는 계곡에 자주 가서 학의 울음소리를 듣곤 했다. 그런데 육기가 전쟁에 대패한 후 모함을 받아 극형에 처해졌다. 그때 육기가 말했다. "화정 학의 울음소리를 어찌 다시 들으리오" 이후로 "華亭鶴唳화정학려"는 관직에 나간 것을 후회하며 평안했던 지난날을 그리워하는 심정을 나타내는 성어가 되었다. 높은 벼슬보다는 아무래도 살아서 학의 울음을 듣는 것이 좋지 않겠는가? (『晉書 · 陸機傳』)

기원전 208년 李斯이사는 秦진(B.C. 221 - B.C. 206)의 二世皇帝이세황제(胡亥호해)를 섬기다가 모함으로 三族삼족이 모두 처형되는 형벌을 받았다. 이사는 자신의 영예가 이미 극에 달했음을 알고 물러나야 한다는 생각을 했었으나 이미 때를 놓쳤다. 이사가 형장으로 향하던 중 함께 끌려나오는 둘째 아들을 보고 말했다. "내 너와 함께 황구를 데리고 上蔡상채의 동문에 가서 토끼사냥을 가려했다만 이제 어찌 하겠는가" 父子가 서로를 향해 통곡을 하였다. (『史記 · 李斯列傳』) 이제 와서 상채의 동문 사냥 얘기를 해서 무엇하리요? 원문에서 '蒼鷹창응'은 큰 매를 뜻하는데 사냥에 매를 이용했음을 뜻한다.

예로부터 지금까지 세상이 지속되는 것은 영웅호걸에 의해서가 아니고 아무런 표도 나지 않는 무명의 인간들 때문이 아닌가? 그냥 티내지 않고 살아가면 어떠한가?

세상의 이치는 극에 달하면 쇠해지는 것이다. 내 관직이 내 능력이 찰만큼 크게 올랐다면 이제는 내려가야 하는 것이다. 내려가는 것이 올라가는 것보다 훨씬 힘든 일이라는 것을 역사는 무수하게 보여준다.

가을바람이 불자 西晉서진(265 - 317)의 張翰장한은 고향의 순챗국과 농어회가 생각이 났다. 장한은 망설이지 않고 낙양에서의 관직을 버리고 고향으로 돌아갔다. 장한은 인생에서 가장 중요한 것은 자신의 생각대로 살아가는 것이라 했다. 단순한 虛名허명을 위해 천리 밖에서 벼슬할 일이 아니라는 것이다. 어떤 사람이 장한에게 물었다. “백년 후 당신의 명성에 대해 생각해보지 않았는가” 장한이 대답했다. “백년 후의 명성이라면 눈앞의 한 잔술만도 못 하오” 후에 “순챗국과 농어회(蓴羹鱸膾순갱노회)”는 장한의 이러한 고사를 의미하는 成語성어가 되었다. (『晉書 · 張翰傳』)

「行路難행로난」은 장안을 나오면서 태백의 크게 변한 새로운 인생관을 적나라하게 드러내고 있다. 장안에서 겪은 낙담과 실의는 태백의 돌아가는 길을 매우 무겁게 하고 있다.

태백이 아이들이 있는 산동을 가려면 낙양과 개봉을 거쳐 商丘상구를 지나야 한다. 개봉시의 동남쪽은 당시 卞州변주였고, 상구시의 남쪽은 宋州송주라 불리었다. 태백은 집으로 가지 않고 이 일대를 돌았다. 아이들이 눈에 밟혔겠지만 아이들과 친지들을 만날 면목이 별로 없다.

지금의 開封개봉과 상구 일대의 이곳은 본래 전국시대 魏나라의 땅이었는데 위의 수도를 大梁대량(河南 開封) 으로 옮기면서 梁이라 하게 되었다. 漢나라 때는 梁王의 후손이 끊어지면서 당시 漢의 皇帝(景帝) 동생인 劉武를 梁의 王에 봉했다. 諡號시호가 '孝'였기 때문에 梁孝王양효왕이라 칭한다.

양효왕은 이곳에 웅대한 동산을 꾸몄는데 여기에는 춘추시대 세운 '平臺평대'의 유적도 있었다. 枚乘매승이나 司馬相如사마상여 등 많은 사람들이 찾았던 곳이었다. 태백은 여기에서 「梁園吟양원음」이란 시를 지었다. 梁園양원은 평대를 포함한 양효왕의 동산을 말한다.

梁園을 읊다

나는 황궁을 떠나 황하에 떴노라
돛 올리니 파도는 겹겹의 산이라
하늘 끝 큰 물결 어렵사리 지나
옛 고적을 찾아 평대에 닿았노라
평대의 나그네 시름만 쌓여가니
술기운 따라 양원노래 지어본다
완공의 '蓬池' 시가 생각나거니
"푸른 물 큰 물결 일으키고"라
큰 파도 높아 옛 나라 안 보이고

길도 먼데 西京서경을 어찌 다시 가리
인생 천명대로면 무슨 시름일까
좋은 술을 마시고 누대에 오른다
민머리의 아이가 부채를 부쳐주니
오월이 안 덥고 맑은 가을이로다
옥쟁반의 양매 내 앞에 받쳐오고
오나라 소금은 곱기가 백설 같아
양매 소금 찍어 술을 들어 마시니
백이 숙제의 고결을 배우지 말라
옛적 신릉군 부귀공명을 누렸지만
지금 신릉 무덤에 농사를 짓는다
퇴락한 성터의 푸른 산에는 달빛만
고목은 창오산 위 구름에 들었는데
양왕의 궁궐은 지금 어디에 있는가
매승 相如 이미 죽어 찾을 수 없고
춤과 노래 소리 연못에 흩어진 채
헛된 변강 물만 동편 바다로 흘러
이런 일들 생각하니 눈물 젖나니
황금으로 술 취해 돌아갈 수 없네
五白을 계속 부르며 六博을 하니
편 갈라 내기 술로 시간 보내노라
노래를 부르되 뜻은 먼 곳에
동산에 편히 누워 때 되면 일어나
창생을 구하여도 늦지는 않으리라

梁園吟양원음

我浮黃河去京闕아부황하거경궐, 挂席欲進波連山괘석욕진파련산.
天長水闊厭遠涉천장수활염원섭, 訪古始及平臺間방고시급평대간.
平臺爲客憂思多평대위객우사다, 對酒遂作梁園歌대주수작양원가.
卻憶蓬池阮公詠각억봉지완공영, 因吟淥水揚洪波인음녹수양홍파.
洪波浩蕩迷舊國홍파호탕미구국, 路遠西歸安可得노원서귀안가득.
人生達命豈暇愁인생달명기가수, 且飮美酒登高樓차음미주등고루.
平頭奴子搖大扇평두노자요대선, 五月不熱疑淸秋오월불열의청추.
玉盤楊梅爲君設옥반양매위군설, 吳鹽如花皎白雪오염여화교백설.
持鹽把酒但飮之지염파주단음지, 莫學夷齊事高潔막학이제사고결.
昔人豪貴信陵君석인호귀신릉군, 今人耕種信陵墳금인경종신릉분.
荒城虛照碧山月황성허조벽산월, 古木盡入蒼梧雲고목진입창오운.
梁王宮闕今安在양왕궁궐금안재, 枚馬先歸不相待매마선귀불상대.
舞影歌聲散綠池무영가성산녹지, 空餘汴水東流海공여변수동류해.
沉吟此事淚滿衣침음차사루만의, 黃金買醉未能歸황금매취미능귀.
連呼五白行六博연호오백행육박, 分曹賭酒酣馳輝분조도주감치휘.
歌且謠가차요, 意方遠의방원.
東山高臥時起來동산고와시기래, 欲濟蒼生未應晚욕제창생미응만.

장안에서 나와 황하의 뱃길로 梁園양원에 오기까지와 양원에서 옛 자취를 보며 느껴지는 나그네의 心思심사가 생생하게 담겼다. 눈에 보이는 유적과 그 역사에서 태백은 새로운 각오를 다진다. 옛 역사의 자취를 반추하면서 자신이 꿈꾸던 功名공명이 덧없는 것이었음을 깨닫고 또 깨닫는다.

阮公완공은 阮籍완적(210 - 263)인데, 竹林七賢죽림칠현의 한 사람으로 당시의 집권층에 불만을 품고 죽림 아래에서 술을 마시며 은거했다. 여기에서의 '蓬池봉지' 구절은 그의 「詠懷영회」 시 82수 중에서 열여섯 번째의 시에 나온다.

봉지를 따라 오르내리다가
돌아서서 대량을 보았노라
푸른 물 큰 물결 일으키고
광야의 풀 그저 망망할 뿐

徘徊蓬池上배회봉지상. 還顧望大梁환고망대량.
綠水揚洪波녹수양홍파. 曠野莽茫茫광야망망망.

蓬池봉지는 전국시대 魏나라의 수도 大梁대량(河南 開封) 동북지역에 있는 늪지대를 말한다. 태백은 지금 阮公완공과 마찬가지로 옛 양나라의 땅에서 세상을 등지기로 작정하고 있는 것이다. 황하의 물결이 큰 파도로 일렁이는데 어찌 다시 西京으로 가겠는가? 서경은 장안을 말한다. 장안과 낙양은 중국역사에서 가장 많이 그리고 가장 오랜 기간 수도가 되었던 도시이다. 그래서 그 방향에 따라 서쪽에 있는 장안을 서경이라 하고 낙양을 東京(東都)이라 했다.

그러나 곧 태백은 스스로 서경의 미련을 접는다. 우리가 천명을 알고 그대로 산다면 무슨 한가한 시름에 젖겠는가? 누대에 올라 한껏 호사스럽게 술을 마시며 하릴없는 시름을 날려버리는 것이다.

무더운 계절이지만 옆에서 아이가 부채질을 해주고 시녀는 백설 같은 흰 소금과 양매를 펼쳐놓는다. 술을 마시고 양매를 소금 찍어 먹으니 백이나 숙제처럼 살 일이 무엇이겠는가?

信陵君신릉군(? - B.C. 243)은 전국시대 魏위나라 昭王소왕의 동생이었는데, 魏와 趙조나라를 秦진의 침략으로부터 구하였다. 평소 현자를 예우하고 門客문객을 널리 받아들여 食客식객이 3000명이었다 한다. 그러나 끝내는 사람들의 모함을 받아 두문불출하고 술로 인생을 마쳤다. 뿐만 아니라 신릉군의 무덤은 지금 농토로 변해 있다.

옛날 그처럼 화려했던 양나라의 궁궐도 지금 모두 사라지고, 빈 산에는 고목만 하늘을 뚫고 있지 않는가? 이곳을 다녀간 매승이나 사마상여 같은 영웅호걸도 일찍 세상을 떠났다. 호화로운 가무도 한 번 흩어지면 그뿐이니, 동으로 흐르는 물이 한번 흘러가면 다시 돌아오지 못하는 것과 같다.

장안을 떠날 때 황제는 태백에게 얼마간의 황금을 하사했다. 태백은 지금 그 황금으로 호사를 누리면서 아이들이 있는 집으로 돌아가지 못하고 있다. 집을 떠나기 전 주변에 떠들어놓은 호언장담에 대한 면목이 없어서인지도 모른다.

그러나 태백은 본래 세상의 명승고적을 찾으며 사람들과 교유하는 것을 좋아했다. 東山은 태백이 존경하는 東晋동진의 謝安사안(320 - 385)이 은거했던 곳이다. 사안은 일체의 벼슬을 사양하고 오래도록 은거하였는데, 官界관계에 謝氏사씨 집안의 사람들이 거의 사라지자 出仕출사를 하여 나라에 큰 공을 세웠다.

태백은 정치의 꿈을 접고 청산으로 돌아가는 중이었지만 혹시 동산에 은거했던 사안처럼 후일 다시 기회가 있을 수도 있다는 미련이 마음 한 쪽에는 아직도 남아 있다.

태백은 여기에서 杜甫두보(712 - 770)를 만났다. 둘은 초면이었지만 晩時之歎만시지탄을 하면서 친밀하게 함께 했다. 여기에 다시 高適고적(700 - 765)도 추가되었다. 이때 태백은 44세이고 두보는 33세 그리고 고적은 45세였다. 이들은 주로 卞州변주와 宋州송주 사이를 함께 다녔다.

이들은 잘 때는 함께 이불을 덮고, 낮에는 손을 잡고 다녔다.("醉眠秋共被취면추공피, 攜手日同行휴수일동행"「與李十二白同尋範十隱居여이십이백동심범십은거」) 11살이 아래인 두보는 태백을 친형처럼 따랐던 것으로 보인다. 두보가 태백에게 지은 시의 詩題시제만 보아도 그 애틋한 情誼정의를 알만 하다.

가령, 「동지에 이백을 그리워하며(冬日懷李白동일회이백)」, 「봄날 이백을 그리워하며(春日憶李白춘일억이백)」, 「이백 꿈을 꾸다(夢李白몽리백)」, 「하늘 끝에서 이백을 그리워하다(天末懷李白천말회이백)」 등의 시는 제목만으로도 태백은 두보에게 언제나 우상이었음을 나타냈다고 보인다. 두보의 "천자께서 불러도 배에 오르지 않고, 스스로 저는 酒仙주선이옵니다라 했더라(天子呼來不上船천자호래불상선, 自稱臣是酒中仙자칭신시주중선)「飮中八仙歌음중팔선가」"를 보면 태백이 두보에게 어떤 우상이었는지 짐작할

만하다.

태백도 두보에 대한 생각은 애틋했다. 태백이 드디어 산동으로 돌아왔을 때 746년 두보를 그리워하는 시를 썼다.

사구성 아래에서 두보에게

내 여기에 왜 왔는가
사구성에 편히 누우니
城가에 고목이 있거늘
밤낮 가을 소리 내거니
魯의 술은 취하지 않고
제나라 노래 하릴없어
그대 생각 汶江 물처럼
세차게 흘러 南에 전하리

沙丘城下寄杜甫사구성하기두보

我來竟何事아래경하사? 高臥沙丘城고와사구성.
城邊有古樹성변유고수, 日夕連秋聲일석련추성.
魯酒不可醉로주불가취, 齊歌空復情제가공부정.
思君若汶水사군약문수, 浩蕩寄南征호탕기남정.

沙丘사구는 지금의 산동 兗州연주의 옛 이름이다. 아마도 이때 잠시 아이들과 함께 했을 것으로 짐작된다. 태백은 남쪽으로 떠난 두보를 생각하며 이 시를 썼다.

두보와 함께라면 이런저런 이야기를 하며 지금의 답답한 심정을 나누어 볼 수도 있을 것이다. 태백은 장안에서도 황제가 찾으면 연회에 동석해서 주흥을 돋아주는 것이 하는 일이었다. 지금도 태백은 두 아이까지 있지만 할 수 있는 일이란 사람들과 놀아주는 것뿐이다.

사구성에 돌아와 내 무엇을 하고 있는가? 고목에 바람 스치는 소리를 들으며 세월을 보내고 있는가? 魯 지역의 술이 예로부터 薄酒박주라서 취하지 않는다는 말이 있긴 하지만 어디 그 때문 만이겠는가? 齊제나라의 노래가 원래 진하다는 말도 있지만 나에게는 아무런 흥취를 주지 못한다. 함께 하는 사람이 없으면 술도 노래도 흥이 나지를 않는다. 南으로 흘러가는 汶江문강의 물을 보면서 南으로 내려간 두보를 생각하였다.

태백과 두보의 만남은 중국문학사에서 매우 의미 깊은 일이라 한다.

태백도 다시 南下했다. 兗州연주에서 뱃길로 내려오면 揚州양주에 다다르게 된다. 아무리 마음을 접는다 해도 태백은 세상으로부터 떨어지지 못하는 즉 세상에 대한 강한 애착을 어쩌지 못하였다. 태백은 온둔자들을 존경하였지만 막상 자신은 그렇게 하지 않았다. 그래서 한 곳에 눌러 붙지 못하고 세상을 유람하면서 세상과 함께 했다. 그러다보니 역사와 현실 사이에서 고뇌도 많았다.

금릉의 봉황대에 올라

봉황대 위에서 봉황이 놀았다더니
봉황은 가고 빈 누대 강물만 흘러
오나라 궁궐 화초 오솔길에 묻히고
晉代의 의관은 옛 언덕이 되었어라
三山은 푸른 하늘 밖으로 떨쳐지고
한 줄기 강은 백로주로 나뉘었는데
구름이 언제든 해를 가리고 있으니
장안은 안 보이고 시름만 젖어든다

登金陵鳳凰臺등금릉봉황대

鳳凰臺上鳳凰遊봉황대상봉황유, 鳳去臺空江自流봉거대공강자류.
吳宮花草埋幽徑오궁화초매유경, 晉代衣冠成古丘진대의관성고구.
三山半落靑天外삼산반락청천외, 一水中分白鷺洲일수중분백로주.
總爲浮雲能蔽日총위부운능폐일, 長安不見使人愁장안불견사인수.

747년 태백은 금릉(남경)의 봉황대에 올랐다. 봉황대는 옛적 봉황이 와서 놀았던 곳이라는 전설로 봉황대라 불리게 되었다. 봉황은 태평성대에 나타나는 새이다. 지금은 봉황은 없고 빈 누대와 강물만 예전처럼 흐른다. 강산은 옛날과 같지만 나라는 옛날이 아니라는 것을 아프게 생각하는 것이다.

삼국시대의 吳나라(222 - 280)나 東晋동진(317 - 420)도 금릉을 수도로 하였다. 그러나 오나라의 궁궐의 美姬미희들은 지금 자취도 없고,

진나라 때의 고관대작들은 무덤조차 언덕으로 변해버렸다. 시에서 '衣冠의관'은 진나라 때 부귀공명을 누렸던 사람들을 지칭한 것이다.

사람들의 역사는 짧은 시간에도 흔적도 없이 사라진다. 그러나 강산은 어떠한가? 삼산은 강변으로 세 봉우리가 나란히 있어 三山이라 불렸다 한다. 삼산은 구름에 가려 반 토막 나있고, 장강은 가운데 沙洲사주가 있어 둘로 나뉘어 흐른다. 그러나 강과 산 자체는 그대로이다.

뜬구름도 해를 가리지만 구름이 지나가면 그뿐이다. 그러나 황제의 눈을 가리는 간신배들의 무리는 지나갈 줄도 모르고 언제나 황제의 눈과 귀를 가린다. 그래서 자신과 장안은 갈수록 멀어지기만 하고, 이를 생각하며 시름을 떨쳐버릴 수가 없다. 봉황대에 올라 역사를 돌이켜보니 흥망성쇠가 공허하기만 하지만, 그렇다고 답답한 현실을 피하기보다는 태백은 아직도 장안에 대한 미련을 가지고 있다.

이 시는 특별한 의도로 쓰였다. 즉 다른 사람의 시에 화답하는 형식을 취한 것이다. 崔顥최호의 「黃鶴樓황학루」를 본다.

황학루

옛사람 이미 황학 타고 떠났거니
여기에 헛되이 황학루만 남았어라
황학은 한번 가고 다시 오지 않고

흰 구름만 천년을 유유히 흐르네
맑은 강위 한양의 나무 뚜렷하고
앵무주는 무성한 방초가 다복다복
해지는데 고향은 어디에 있는가
강위 물안개 사람 시름 젖게 하누나

黃鶴樓

昔人已乘黃鶴去석인이승황학거, 此地空餘黃鶴樓차지공여황학루.
黃鶴一去不復返황학일거불부반, 白雲千載空悠悠백운천재공유유.
晴川歷歷漢陽樹청천력력한양수, 芳草萋萋鸚鵡洲방초처처앵무주.
日暮鄕關何處是일모향관하처시, 煙波江上使人愁연파강상사인수.

선인들은 황학을 타고 다녔다는 전설이 여기저기 전한다. 우리나라 쌍계사 뒤쪽에도 鶴召臺학소대라는 바위가 있는데, 최치원 선생께서 학을 부르던 자리라 한다.

황학루는 武昌무창의 황학산(蛇山사산이라고도 함)에 있다. 장강 아래가 무창이고 강의 북쪽이 한양이었는데 지금은 무창과 漢陽한양을 합해 武漢무한이라 한다. 누대에 올라보면 맞은편의 나무들이 강 속에 뚜렷하게 비친다. 그만큼 옛날의 강물은 맑았을 것이다. 강 중간에 앵무주라는 沙洲사주가 있는데 방초가 우거져 있다. 지금은 물론 모든 것이 다르다. 황학루의 위치도 장강 다리를 놓으면서 옮겨졌고, 강물도 탁해져서 나무 하나 비춰주지 못한다.

태백도 무창에 왔을 때 여기에 올라온 일이 있다. 누대에 올라 눈앞에 펼쳐진 광경을 보고 詩興시흥이 발동했으나 정작 바로 떠오르는 적절한 언어가 없었다. 그때 위에 걸린 최호의 이 시를 보게 되었다. 태백은 한 눈에 감탄을 했다. "눈앞의 경관에 말을 찾지 못하는데 최호의 시가 위에 걸렸구나(眼前有景道不得안전유경도부득, 崔顥題詩在上頭최호제시재상두)".

태백은 다시 쓸 생각을 못하고 내려왔다. 자신이 쓰지 못하는 것을 다른 사람이 이미 썼다는 생각에서다. 태백은 여기에서의 감탄을 잊지 않고 있었다. 결국 봉황대에 올라서 최호에게 화답을 했다. 황학이나 봉황 모두 상서로운 새이고, 두 누대 또한 거리는 멀지만 장강 변에 있으니 화답하기에 매우 좋은 조건이다.

「黃鶴樓황학루」가 七言律詩칠언율시여서 「登金陵鳳凰臺등금릉봉황대」도 칠언율시로 썼고, 앞의 시에서 쓰인 樓루 · 悠유 · 洲주 · 愁수(下平聲十一하평성십일 尤韻우운)의 韻字운자를 그대로 따랐다. 그리고 기풍이나 내용까지도 상당히 유사하다. 이것은 태백이 의도적으로 최호에게 화답하는 의미를 두었다고 생각된다. 두 사람은 서로가 황학과 봉황이 출현했다는 옛날의 태평성대를 그리워하는 한편, 옛날 같지 않은 어지러운 현실에 대한 깊은 공감을 바탕으로 시름과 울분을 토로한 것이다.

749년 금릉 일대를 오가다가 태백은 아이들에 대한 사무치는 그리움을 적었다.

동로의 두 아이들에게

오나라의 땅 뽕잎 푸르고
오나라 누에 셋째 잠이라
내 집은 동로에 있거니
논밭은 누가 가꿀 것인가
농사일에 갈 수가 없으니
강의 뱃길이 아득 하구나
남풍은 고향생각 실어다
고향 酒樓 앞에 떨군다
주루 동편 복사나무 하나
가지는 푸른 연무에 싸여
이 나무 내가 심었으니
헤어진 지 3년째로구나
나무는 주루에 닿았겠지만
나는 돌아가지 못 했구나
예쁜 딸 평양이라 하는데
꽃 꺾어 복사나무에 기대
꽃 꺾어 나를 보지 못하니
눈물이 샘물로 흐르는구나
작은 아이 백금이라 하는데
누나와 어깨를 나란히 하며
둘이 복사나무 아래 걸을 때
누가 등 토닥이며 살펴주나
생각하자니 정신이 오락가락
애간장이 나날이 저려오거니

비단 찢어 먼 그리움을 적어
문양강 가는 편으로 보내노라

寄東魯二稚子기동로이치자

吳地桑葉綠오지상엽록, 吳蠶已三眠오잠이삼면.
我家寄東魯아가기동로, 誰種龜陰田수종구음전.
春事已不及춘사이불급, 江行復茫然강행부망연.
南風吹歸心남풍취귀심, 飛墮酒樓前비타주루전.
樓東一株桃누동일주도, 枝葉拂靑煙지엽불청연.
此樹我所種차수아소종, 別來向三年별래향삼년.
桃今與樓齊도금여루제, 我行尙未旋아행상미선.
嬌女字平陽교녀자평양, 折花倚桃邊절화의도변.
折花不見我절화불견아, 淚下如流泉루하여유천.
小兒名伯禽소아명백금, 與姊亦齊肩여자역제견.
雙行桃樹下쌍행도수하, 撫背復誰憐무배부수련.
念此失次第념차실차제, 肝腸日憂煎간장일우전.
裂素寫遠意열소사원의, 因之汶陽川인지문양천.

남경은 옛날 吳나라의 땅이었다. 여기는 벌써 뽕잎이 무성하니 푸르고 누에는 세 번째 잠을 자고 있는 중이다. 자연스럽게 자신의 집이 있는 산동의 봄철 농사일이 생각난다. 자신은 돌아가지 못하고 뱃길은 아득하기만 하다. 돌이켜보니 집을 떠난 지도 이미 3년째로 접어든다.

남풍에 실린 고향생각은 고향의 酒樓주루 앞에 와있다. 자신이 심어놓은 주루 옆의 복숭아나무는 이미 지붕에 닿을 만큼 높은데 나는 아직 돌아오지 못하였다. 딸아이는 나무아래서 꽃을 꺾어 나를 기다리지만, 내가 보이지 않으니 눈물이 샘물처럼 흘러내린다. 둘째인 아들은 벌써 키가 제 누나만큼이나 컸다. 두 아이가 나무 밑에서 다니거늘 어미도 없는 아이들을 누가 등을 토닥여주고 불쌍히 여겨 줄까?

생각이 여기에 이르면 앞뒤 정신을 차리기도 어렵다. 나날이 시름으로 더욱 애간장이 저미어오지만, 별다른 방법이 없고 우선 비단을 찢어 몇 글자를 적어 멀리 아이들에게 부쳐본다. 아이들을 생각하는 마음은 이처럼 애틋한데도 태백이 돌아가지 않는 이유는 알 길이 없다.

5. 두 번째 결혼

태백은 東魯동로와 江南강남 등지에서의 긴 유랑 끝에 다시 梁園양원으로 돌아갔다. 여기에서 태백은 宗楚客종초객의 손녀와 두 번째의 결혼을 한다. 종초객은 則天武后측천무후의 사촌언니 아들이었는데 이를 배경으로 세 번이나 宰相재상을 지냈던 사람이다. 다만 측천무후와 관련하여 명망보다는 악명이 높아 정권이 바뀌면서 함께 주살된 집안이었다. 비록 태백이 결혼할 때는 이미 몇 십 년이 흐른 과거지사였지만 그래도 주위의 시선은 곱지 않을 때였다.

태백은 이 집안에 다시 데릴사위로 들어갔다. 후인들은 태백이 재상 집안에 무게를 두었다고도 한다. 어쨌든 태백의 인생에서 두 번째의 데릴사위이며 마지막의 결혼이었다.

자신은 종씨 집으로 들어갔지만 동로에 있는 아이들을 데려갔다는 흔적은 보이지 않는다. 데릴사위로 들어가면서 전처소생의 아이들을 차마 함께 데리고 갈 수가 없었는지 모른다.

태백의 두 번째 결혼은 첫 번째와는 크게 다르다. 안륙에서는 결혼 후 10여 년을 정착해서 살았다. 그러나 두 번째는 대략 50세를 갓 넘겼을 무렵으로 추정되는데, 태백은 양원에서 지내기보다는 여전히 밖으로 돌았다. 태백이 종씨 부인과 함께 지낸 시간은 얼마 되지 않아 보인다.

이때쯤 우리 한국 사람에게 흥미로운 시가 하나 보인다. 우리는 우리나라 최초의 시가로 「黃鳥歌황조가」와 더불어 「公無渡河공무도하」歌(또는 「箜篌引공후인」)를 기억한다. 그런데 태백이 이를 소재로 하여 「公無渡河」 詩를 지은 것이다.

「公無渡河」는 본래 東漢동한시대의 蔡邕채옹(133年—192年)이 지은 『琴操금조』에 수록되어 있었다. 그런데 후에 西晉서진(公元266年—316)의 崔豹최표(265 - 326)가 『琴操』를 모방 보충한 듯한 『古今注』라는 책을 썼는데, 여기에도 「公無渡河」가 있었다. 일반적으로 『古今注』가

「公無渡河」의 최초 원전이라고 여기고 있으나 사실과 다르다. 이들 두 기록의 내용은 비슷하나, 『琴操』에서는 조선인 津卒진졸(나룻 터를 지키는 병사) 霍里子高곽리자고가 지었다 했고, 『古今注』에서는 곽리자고의 아내 麗玉여옥이 지었다 한 점이 다소 다르다. 그러나 본시 「公無渡河歌」를 노래로 부른 사람은 물에 빠져 죽은 사람의 아내였다는 것은 서로 같다.

『古今注』의 기록은 이렇다.

> 공후인이란 조선의 진졸 곽리자고의 아내 여옥이 지었다. 자고가 아침에 일어나 배를 저어 가는데, 한 흰머리의 狂夫광부가 머리를 풀어 내린 채 호로병을 들고 강을 건너려 했다. 그의 아내가 따라와 말리려 했지만 잡지 못하고 결국 물에 빠져 죽었다. 아내는 공후를 당겨 켜며 공무도하 곡을 지었다. 소리가 처량하였는데 곡이 끝나자 아내도 물에 몸을 던져 죽었다. 자고가 돌아와 아내 여옥에게 노래를 말해주니 여옥이 슬퍼하며 공후의 노래를 전하였고 이를 공후인이라 했다.
>
> 공은 건너지 마오
> 공은 가고 말았군요
> 강을 건너다 죽으니
> 공을 어찌 하리요

箜篌引者공후인자. 朝鮮津卒霍裏子高妻麗玉所作也조선진졸곽리자고처려옥소작야. 子高晨起刺船자고신기자선. 有一白首狂夫유일백수광부. 披髮提壺피발제호. 亂流而渡난류이도. 其妻隨而止之기처수이지지. 不及불급. 遂墮河而死수

타하이사. 於是援箜篌而鼓之어시원공후이고지. 作公無渡河之曲작공무도하지곡. 聲甚淒愴성심처창. 曲終곡종. 亦投河而死역투하이사. 子高還자고환. 以其聲語其妻麗玉이기성어기처려옥. 麗玉傷之역옥상지. 乃引箜篌而寫其聲내인공후이사기성. 名曰箜篌引명왈공후인.

公無渡河공무도하, 公竟渡河공경도하.
渡河而死도하이사, 其奈公何기내공하?

이 기록으로 보면『箜篌引』은 공후로 타는 곡을 의미하는 것으로 보인다. 그에 비해「公無渡河」는 노래 가사의 첫 구이다. 그러나 어차피 곡이 전해지지 않았기 때문에 결국 두 명칭은 실제로 구별이 없이 쓰였다고 보겠다.

중국은「公無渡河」를 조선에서 전래된 중국 민요쯤으로 이해했던 것 같다. 태백이 이를 소재(또는 典故전고)로 시를 썼다는 것은 별로 특이하다고 할 만한 것은 아니다. 태백이 52세쯤으로 추정된다.

공이여 강을 건너지 마오

황하는 서편 곤륜산을 뚫고 나와
만 리를 포효하며 용문을 쳐내려
파도는 하늘에 닿아
요임금이 탄식하니
禹王이 강을 다스리려
우는 아이도 두고 갔더라
급류를 잡고 홍수를 막아

九州에 蠶麻가 시작되었다
그 피해는 사라졌지만
모래바람 아득하였다
산발한 노인 미쳐 돌았는가
이른 아침 강을 건너려네
사람들 볼 뿐 아내만 잡거늘
당신 가지 마요 기어이 가네
호랑이는 묶겠지만
강은 건너진 못해요
公공은 빠져죽어 해변에 떠내려
흰 이빨 雪山의 고래가 왔으니
공이여 공이여 입에 걸렸구나
공후 소리 슬프나 다시 못 보리

公無渡河공무도하

黃河西來決昆侖황하서래결곤륜, 咆哮萬里觸龍門포효만리촉용문.
波滔天파도천, 堯咨嗟요자차.
大禹理百川대우리백천, 兒啼不窺家아제불규가.
殺湍湮洪水살단인홍수, 九州始蠶麻구주시잠마.
其害乃去기해내거, 茫然風沙망연풍사.
披髮之叟狂而癡피발지수광이치, 淸晨徑流欲奚爲청신경류욕해위.
旁人不惜妻止之방인불석처지지, 公無渡河苦渡之공무도하고도지.
虎可搏호가박, 河難馮하난풍, 公果溺死流海湄공과닉사유해미.
有長鯨白齒若雪山유장경백치약설산, 公乎公乎掛罥於其間공호공호괘견어기간.
箜篌所悲竟不還공후소비경불환.

여기에서는 狂夫광부가 빠져죽은 곳이 마치 황하인 것처럼 보이기도 한다. 그래서 이에 대해 조선시대의 車天輅차천로(1556 - 1615)는 태백의 이 시가 사실과 다르다는 것을 지적하였다. (『大東野乘 · 五山說林草稿』)

태백이 과연 조선인을 황하에 끌어다 썼겠는가? 여기에서는 단지 典故전고로 사용했다고 보면 될 것이다. 태백 외에도 唐代의 王建왕건(767 - 830), 李賀이하(790 - 816) 그리고 溫庭筠온정균(812? - 866?) 등도 '公無渡河'를 하나의 전고로 사용해서 「公無渡河」歌를 지었다. 「公無渡河」는 본래 황하와는 아무런 관련이 없는 노래이다. 태백은 狂夫가 죽은 곳을 잠시 황하로 옮겨서 실감이 나는 무대 설정을 했을 뿐이다. 태백이 말하고자 하는 것은 광부가 아니고 태백 자신이다.

곤륜산은 황하의 발원지이다. 곤륜산은 하늘을 받치는 天柱천주라 할 만큼 크고 높아서 예로부터 신화전설이 가득한 산이었다. 황하는 평균 해발 6000미터 가까이 높은 이 산줄기에서 발원하여 하늘에서 쏟아지듯 흘러내리다가 급기야 龍門山용문산을 쳐서 갈랐다.

용문산은 陝西省섬서성 韓城市한성시에 있으며, 황하는 여기에서 양쪽이 높은 절벽으로 넓이는 40미터가 안 되는 좁은 협곡을 지난다. 황하의 목 줄기라고도 하는데 강의 낙차가 커서 물고기가 오르기 어렵다는 뜻에서 '龍門'이라는 이름이 붙었다.

매년 3월 얼음과 눈이 녹아 흐르게 되면 많은 강에서 올라온 황색의 잉어들이 용문의 아래에서 모여 서로 튀어 오르는 경쟁을 하는데 매년 용문을 통과하는 잉어는 72마리라고 한다. 용문을 통과한 잉어는 용이 되어 승천하고, 통과하지 못한 잉어는 바위에 부딪혀 피를 흘리며 돌아선다는 전설이 전해지는 곳이다. 이곳의 형상이 마치 황하의 물이 산을 쳐서 둘로 갈라놓은 것 같다는 뜻이다.

황하의 물은 이처럼 낙차가 커서 물살이 세기 때문에 예로부터 홍수의 피해가 많았다. 禹우 임금이 홍수를 다스리기 위해 治水치수 사업을 펼쳤는데 자신의 집 앞을 세 차례나 지나면서 아이 울음소리까지 들었지만 집에 들르지 않았다. 그만큼 치수에 힘을 써 결국 홍수를 막을 수 있었다. 그러나 물이 다스려지니까 이젠 마른 땅에서 모래바람이 일어났다. 사람은 자연 앞에 불가항력적인 한계가 있는 것이다.

어디 그뿐인가? 사람끼리도 어찌하지 못하는 한계가 있다. 어느 미친 노인이 있었다. 아내가 말리는 것도 뿌리치고 물에 들어가 익사한 채 바다로 떠내려 왔고 결국 큰 고래의 이빨에 걸렸다. 그가 미쳤다고 하는 것은 곧 머리를 산발한 채 호로병을 들고 물에 뛰어들었다는 것을 근거로 한 말이다. 즉 일반인들의 행동양상과 다른 행동을 했다는 의미이다. 그렇다고 그가 꼭 미쳤는가?

굴원도 강에 빠져 물고기의 배에 장사를 지냈고, 周주나라의 徐衍서연도 바위를 지고 바다에 뛰어들었으며, 태백도 강 속의 달을 잡으려 들어갔다가 익사했다는 설도 있다. 이들 모두는 과연 미쳤는가?

산을 갈라놓은 강물에 뛰어들면 죽는다는 것을 안다. 돌아서면 살겠지만 그러고 싶지가 않다. 사람들은 저마다 순간순간 거대한 강물 앞에 서서 망설이게 된다. 뛰어들까 생각을 하다가도 대부분은 돌아선다.

굴원은 강에 빠져 죽어 만고에 義人의인이 되었다. 머리를 풀어헤친 노인은 물에 뛰어들어 狂夫광부가 되었다. 태백은 세상의 물에 뛰어들었다. 집에서는 부인이 부르고 있지만 선뜻 돌아서지 않고 세상 속을 떠돌고 있는 것이다. 태백은 사실 정상적이라고 하는 표준화된 삶의 틀을 거부해 왔다. 제한된 공간에서 판에 박힌 생활을 하지 못하는 것이다. 태백에게는 仙人선인의 풍격도 있었지만 狂人의 기질도 있었다.

태백의 「公無渡河」는 집을 떠나 밖으로 도는 태백 자신의 이야기로 보인다. 태백은 결혼을 하고서도 부인과 정착하는 모습을 보이지 않고, 동로에 있는 아이들도 부르지 않았다(어찌 보면 저버렸다고 할 수도 있겠다). 물을 건너려는 광부나 세상을 건너보겠다는 태백은 똑같이 일반사람들이 이해하기 어려운 부분이다.

태백도 머리를 풀고 세상에서 조각배를 젓는 표류를 한다. 753년 오가는 길에 잠시 양원에 들렸다가 그해 가을 다시 宣城선성으로 왔다.

선주의 사조루에서 교서 숙운과 전별하다

나를 떠난 일은 어제라 잡지 못하고
내 힘든 일은 오늘이니 근심뿐이라
긴 바람 만 리 가을 기러기 보내니
이에 높이 누대 올라 술에 취하리
봉래의 문장은 건안 풍골이 있고
중간 소사의 기풍이맑게 드러나니
세상 밖 웅대한 생각을 품고 날아
푸른 하늘에 올라 일월을 보려네
칼로 물을 자르면 물은 더 흐르고
술로 시름 삭이나 시름은 더 하네
인생은 세상에 뜻과 같지 않으니
아침에 머리 풀고 조각배 저으리

宣州謝脁樓餞別校書叔雲선주사조루전별교서숙운

棄我去者기아거자, 昨日之日不可留작일지일불가류,
亂我心者난아심자, 今日之日多煩憂금일지일다번우.
長風萬裏送秋雁장풍만리송추안, 對此可以酣高樓대차가이감고루.
蓬萊文章建安骨봉래문장건안골, 中間小謝又清發중간소사우청발.
俱懷逸興壯思飛구회일흥장사비, 欲上靑天覽日月욕상청천람일월.
抽刀斷水水更流추도단수수경류, 擧杯銷愁愁更愁거배소수수경수.
人生在世不稱意인생재세불칭의, 明朝散髮弄扁舟명조산발농편주.

宣州선주는 안휘성 宣城선성 일대를 말한다. 여기에는 謝脁樓사조루

(또는 謝公樓라고도 함)가 있는데 사조가 宣州의 태수로 있을 때 지었다 한다. 謝朓(464 - 499)는 南朝남조 齊제나라의 뛰어난 산수시인이었다. 사조의 앞에 같은 謝氏 집안의 謝靈運사령운(385 - 433)이 있었는데, 산수시파의 창시자로 불린다. 그래서 사령운을 '大謝'라 부르고 사조를 '小謝'라 칭한다.

태백이 사조루에서 숙운과 전별하면서 지은 시이다. 숙운은 李雲이운인데, 같은 이씨의 연장자여서 '叔숙'이라 호칭한 것으로 보인다. 이운은 당시 유명한 古文家고문가였고 비서성의 校書郎교서랑의 관직을 맡고 있었다.

태백이 세상에서 뜻을 펴지 못하고 버림을 받은 것은 이미 지나간 일들이어서 되돌리지 못한다. 그에 비해 지금 내 앞에는 모두 심란한 일들만 다가온다. 사실 뜻을 얻지 못했으니 이것은 당연한 일이기도 하다.

계절이 바뀌면 철새는 만 리의 긴 여정에 오른다. 옛날 사람이 지어놓은 누대에서 철새처럼 멀리 떠나는 친우를 배웅한다. 시원하고 흔쾌한 술자리를 갖지 않을 수 없다. '蓬萊봉래'는 東漢동한시대 낙양 궁궐의 도서관 같은 곳이었다. 후에는 책(文籍문적)을 두는 곳을 말하게 되었다. 이운이 맡고 있는 교서랑은 책의 校勘교감과 관련이 있는 직책이어서 '봉래'라는 비유를 했다.

建安건안은 漢나라 마지막 황제 獻帝헌제(196 - 220)의 연호인데 이 당시 '三曹삼조'(曹操조조, 曹丕조비, 曹植조식)와 '七子칠자'(孔融공융, 陳琳진림,

王粲왕찬, 徐幹서간, 阮瑀완우, 應瑒응창, 劉楨유정)의 기풍을 建安骨건안골이라 하였다. 비교적 강건한 기풍과 내용을 중시하였다. 이에 비해 사조는 형식이나 참신한 시풍을 중시했다. 숙운의 문장은 이 두 가지의 기풍을 겸비했다는 의미이다.

우리는 함께 큰 뜻으로 살아가는 사람들이다. 청천에 올라 日月을 내려다보며 살고 싶은 사람들이다. 그러나 현실과 어울리지 못하여 남다른 고통을 겪고 있는 것이다. 칼을 빼서 물을 자르면 물은 다시 흐른다. 술잔을 들어 시름을 잊고자 하면 오히려 시름은 더 밀려온다. 현실과의 간격이 너무 크니 절충의 여지도 없다.

의관을 무시하고 머리를 풀어헤친 채 강물 위에나 떠다녀 보자. 세상 속에서 또 다른 세상을 만나보는 것이다.

집으로 돌아가지 않는 태백의 발걸음은 그야말로 발길 닿는 대로 종횡무진이다. 이번에는 宣州선주의 青陽縣청양현을 유람하다가 구화산에 올랐다. 구화산은 청양현의 남쪽 가까이에 있다. 755년 봄쯤으로 추정된다.

김지장왕은 태백보다 대여섯 살 위이기 때문에 이때라면 속세의 나이로 60이 넘을 때였고 化城寺화성사는 지어지기 전이다. 태백은 지장왕을 만난 일은 없는 듯하다. 만약 그랬다면 적어도 시 한 수쯤 남겼을 것이기 때문이다. 태백은 젊어서부터 道教도교에 심취했었고 구화산은 당시 도교의 道場도장으로도 유명했던 곳이다.

태백은 구화산에 세 차례 올랐었는데 이때는 두 번째에 속한다.

九子山을 九華山으로 고쳐 (聯句 · 並序)

청양현 남쪽에 구자산이 있는데 높이가 몇 천 장이라. 위에는 아홉 봉우리가 연꽃처럼 있어, 그림을 놓고 이름의 유래를 찾았으나 근거를 알지 못하겠더라. 태사공(司馬遷사마천)이 남방을 유람할 때 빠뜨리고 기록을 하지 않았으니 옛 사람들의 전하는 얘기가 단절되고, 아울러 名賢명현들의 서술에도 보이지 않았다. 비록 신선들의 내왕이 있었다 하지만 그와 관련된 시문은 듣기 어려웠다. 나는 그래서 옛 이름을 버리고 '九華구화'라 고쳤다. 당시에 나는 장강과 漢水한수 일대에서 도인을 찾아다니면서 夏侯回하후회의 집에서 쉬고 있었다. 문을 밀치고 앉아 멀리 구화산의 소나무에 덮인 눈을 바라보면 절로 세상을 벗어난 듯 했다. 그래서 몇이서 聯句를 지어 후에 전하고자 하였다.

태초에 두 기운이 나뉘어
영산에 아홉 송이 피웠네 (李白)
봉우리마다 봄 해를 잡으니
산허리 아침 해에 밝구나 (高霽)
쌓인 눈 어둔 계곡 비추고
남쪽 절벽 쏟아져 흐르네 (韋權輿)
맑기로는 玉樹의 빛깔이요
아득하니 선인들의 집이라 (李白)

改九子山爲九華山聯句개구자산위구화산연구 · 並序병서

青陽縣南有九子山청양현남유구자산, 山高數千丈산고수천장, 上有九峰如蓮花상유구봉여연화. 按圖徵名안도징명, 無所依據무소의거. 太史公南遊태사공남

유, 略而不書약이불서, 事絶古老之口사절고로지구, 復闕名賢之紀부궐명현지기. 雖靈仙往復수령선왕부, 而賦詠罕聞이부영한문. 予乃削其舊號여내삭기구호, 加以九華之目가이구화지목. 時訪道江漢시방도강한, 憩于夏侯回之堂게우하후회지당, 開簷岸幘개첨안책, 坐眺松雪좌조송설, 因與二三子聯句인여이삼자연구, 傳之將來전지장래.

妙有分二氣묘유분이기 靈山開九華영산개구화 (李白)

層標遏遲日층표알지일 半壁明朝霞반벽명조하 (高霽)

積雪曜陰壑적설요음학 飛流噴陽崖비류분양애 (韋權輿)

青熒玉樹色청형옥수색 縹緲羽人家표묘우인가 (李白)

청양현의 현령이었던 韋權輿위권흥의 초청을 받아 함께 산에 머물렀던 것으로 보인다. 태백이 오기 전까지는 이곳은 '九子山'이었다. 이들은 함께 술을 마시며 구자산 명칭의 유래에 대해 얘기를 나누었다. 구자산의 그림을 놓고 사람들에게 수소문도 해보고 문헌도 뒤져봤지만 그 유래를 알 길이 없었다. 사마천의 『史記』에도 언급이 없고, 옛 문장에서도 보이지 않았다.

결국 이들은 찾기를 포기하고 구화산에 대한 서로의 詩想시상을 聯句연구로 짓기로 했다. 聯句는 한 사람이 한 聯(두 句)씩 이어짓기를 하는 것이다. 여기에서 태백은 구자산의 산봉우리가 마치 연꽃봉오리 같다 해서 구화산이라 하였다. 이로부터 사람들이 구자산이라는 명칭을 버리고 구화산이라 따라 불렀으니 당시 태백의 명성이 얼마나 컸는지를 알만 하다.

태백의 글귀는 도가풍이 역력하다. 두 기운이 나뉘면서 구화산의 빼어난 峻峰준봉들이 생겨나고, 이곳은 멀리서 보면 산 빛이 맑고 아스라하게 보이는 것이 마치 신선들의 거처 같다. 봄날의 해가 아홉 봉우리를 지나는데 마치 봉우리 하나하나가 해를 잡는 듯하다. 겨울동안 쌓인 눈은 음지쪽으로는 하얀 빛이 반사되어 계곡을 비추고, 양지의 능선은 눈이 녹아 흘러내린다.

태백은 추포에 상당기간을 머문 것으로 보인다. 「秋浦歌추포가」 17수를 포함해서 추포에서 지은 시가 몇 십 수에 이른다. 南京남경과 當塗당도를 지나 宣州선주 青陽청양 일대를 오가면서 풍광이 좋은 추포에서 오래 머문 것으로 보인다. 특히 이곳의 현령이 친구였다면 여러 가지가 편하다는 이유도 되었을 것이다.

이 해 가을 드디어 추포에서 부인으로부터 편지를 받고 회신을 보냈다. 태백과 종씨 부인과의 사이는 좋았던 것으로 보인다. 태백은 여러 차례에 걸쳐 '贈內증내' 또는 '代內대내' 등의 시로 부인에 대한 애정을 나타냈다.

추포에서 아내에게

내 오늘 심양으로 떠나니
집에서 천리 밖의 길이오
연잎 엮어 강가에 묶으며

당신에게 大雷書를 보내오
서로의 고생이 같지 않으나
따로 떨어져 지내니 슬프오
내가 추포에 들어온 이래로
삼년 북의 서신이 드물었소
홍안은 시름으로 늙어가고
백발은 뽑을 수도 없나보오
梁園에서 손님이 왔다더니
손에 오색 물고기가 들렸고
고기를 잡으니 錦字書였소
내가 어찌할지를 물었구려
강산이 길을 막고 있지만
우리 뜻은 하나 변치 않소

秋浦寄內추포기내

我今尋陽去아금심양거, 辭家千里餘사가천리여.
結荷倦水宿결하권수숙, 卻寄大雷書각기대뢰서.
雖不同辛苦수부동신고, 愴離各自居창리각자거.
我自入秋浦아자입추포, 三年北信疏삼년북신소.
紅顔愁落盡홍안수락진, 白髮不能除백발불능제.
有客自梁苑유객자양원, 手攜五色魚수휴오색어.
開魚得錦字개어득금자, 歸問我何如귀문아하여?
江山雖道阻강산수도조, 意合不爲殊의합불위수.

이날 마침 태백은 추포를 떠나 심양으로 향하려던 중이었다. 심양은 강서성의 九江市구강시에 있다. 추포에서 심양은 배를 타고 장강을 올라가는 길이다. 여기는 종씨 부인이 있는 梁園양원에서는 천리 길이다. 즉 태백은 집을 떠나 천리 밖에서 떠돌고 있는 것이다.

강을 따라 떠돌다 보면 결국 물가를 벗어나지 못한다. 태백은 지금 싫증이 날만큼이나 강과 주변에서의 생활을 해오던 터다. 다시 배를 타고 떠날 즈음에서 편지를 받고 답신을 쓴다.

시에서의 '大雷書대뢰서'는 南朝시대 宋(420 - 479)의 文學家문학가인 鮑照포조(約415—470)가 쓴 『대뢰안에 올라 누이에게 쓰다(登大雷岸與妹書등대뢰안여매서)』를 말한다. 포조는 439년 가을 남경에서 江州의 대뢰안(안휘성 望江縣망강현 부근)에 이르러 누이에게 이 글을 썼다. 글에는 九江과 廬山여산 일대의 경관과 아울러 집을 떠나 밖에서 떠도는 처량한 심정을 나타냈다. 여기에서는 이러한 심정으로 쓴다는 의미에서 부인에게 부치는 편지의 뜻으로 썼다. 시의 윗 구에서 쓰인 "연잎 묶어 강가에 묵으며(結荷倦水宿)"도 이 글의 "結荷水宿"을 典故전고로 사용한 것이다.

어찌 밖에서 떠도는 자신만 힘들겠는가? 부인도 집에 있어 떠돌지는 않지만 힘들기는 마찬가지일 것이다. 왜냐면 서로가 떨어져 지낸다는 것만으로도 크게 힘든 일이기 때문이다.

태백이 추포에 온지 3년이나 되도록 북쪽에 있는 부인한테서 오는 서신은 드물었다. 허씨 부인과의 결혼 때와는 다르다. 그때는 10

여 년을 기본적으로는 함께 살았다. 3년씩이나 돌아가지 않은 것은 무슨 이유가 있었을 것이다.

그동안 부인의 얼굴은 홍안의 젊음이 지나가고 있을 것이며, 자신의 머리에는 백발이 이제 뽑을 수조차 없게 늘어가고 있다.

부인이 있는 양원으로부터 손님이 와서 오색의 물고기를 전해 주었다. 당시에는 오가는 사람 편으로 편지를 보내던 시절이다. 편지는 보통 비단에 쓰며 봉투 역시 비단으로 만들었다. 봉투의 모양은 물고기와 같았다.

더 옛날에는 물고기 모양의 목판 두 장으로 가운데에 편지를 끼워 묶었다 한다. 목판이 비단으로 바뀐 것이다. 그래서 편지를 개봉하는 것을 흔히 물고기를 삶는다 하거나 開腹개복을 한다고도 한다. 여기에서도 물고기의 배를 연다고 했다. 원문에서 '錦字금자'는 '錦字書금자서'를 말하며 이는 부인이 남편에게 쓰는 편지를 뜻한다.

오랜만에 보내온 편지이기 때문에 사연은 퍽이나 길었을 것이다. 그러나 이 시에서는 긴 사연을 한 미디로 줄였다. 즉 나보고 어찌할 것이냐고, 다시 말해 이제 집으로 돌아오지 않겠느냐는 재촉인 것이다.

그러나 태백의 답은 어찌 보면 냉랭하기까지 하다. 이미 심양으로 일정이 잡힌 것은 그렇다 치더라도 태백은 돌아갈 뜻이 없음을 완곡하지만 상당히 분명하게 말했다. 즉 험하고 먼 길이어서 내가 돌아가지 못하더라도 우리가 하나로 합해진 마음은 달라지지 않을 것이라고 했다. 이런 말은 지금도 연인과의 결별 때 흔히 쓰는 상투적인 말투다. 태백에게 어떠한 이유가 있었는지는 알 길이 없을 것 같다.

그러나 태백은 갑자기 부인한테 달려가야 할 일이 일어났다. 755년 11월 겨울 安祿山안록산이 난을 일으켰고 일시에 낙양을 점령하면서 이 일대가 모두 반란군의 세상이 되어버린 것이다. 태백은 梁園양원에 있던 부인을 데리고 廬山여산으로 옮겨왔다.

이곳에서 태백은 또 다른 유혹을 받았고 다시 접으려 했던 포부에 대한 자극을 받게 되었다. 부인은 적극 만류했지만 태백은 듣지 않았다. 공교롭게도 「公無渡河」에서 부인의 만류를 뿌리치고 강으로 들어간 狂夫광부와 거의 비슷한 상황이 벌어졌다.

永王영왕으로부터 세 차례에 걸친 초빙을 받았다. 부인의 만류에도 불구하고 태백은 이를 자신에게 돌아온 또 하나의 기회로 여기면서 산을 내려와 영왕의 참모가 되었다.

안록산은 거침없이 장안으로 밀고 들어왔다. 이에 속수무책이던 현종은 급히 사천으로 피난을 갔고, 대신 아들들을 전국 각 지역의 왕으로 봉하여 서로 협력하면서 안록산의 난을 평정하도록 했다.

그러나 현종의 명이 전달되기도 전에 756년 7월 셋째 아들 李亨이형(肅宗숙종)이 스스로 황제로 등극하고 현종을 태상황으로 추존했다. 帝位제위를 찬탈한 셈이다. 멀리 사천으로 피난 가서 황제의 위엄을 일찌감치 포기한 현종은 이를 받아들일 수밖에 없었다.

현종의 열여섯 번째 아들인 永王은 바로 숙종에게 귀의하지 않고 자신만의 독자노선을 계속했다. 이것은 일종의 반란이었다. 결국 황제의 군대와 싸우게 되었고 영왕은 패했다. 영왕의 막료로 가있던 태백은 잡혀서 감옥으로 잡혀가는 신세가 되었다. 모처럼의 기회라 여겼지만 재앙이 되어 돌아왔다.

태백은 반란군에 참여한 결과가 되어 죄가 컸다. 감옥에 있던 태백은 夜郎야랑이라고 하는 곳에 유배형을 받아 가게 되었다. 야랑은 貴州省귀주성과 四川省사천성 등지에 자리 잡았던 옛날 나라의 이름이다. 그러나 여기에서의 야랑이 구체적으로 현재의 어디인지는 명확하지가 않다. 다만 사천성 어디쯤으로 추정된다. 태백은 심양에서 부인과 처남(宗璟종경)의 배웅을 받으며 長途장도에 올랐다.

南의 야랑 길에 아내에게

야랑의 하늘로 멀어지니 원망이요
명월루의 소식은 드물기만 하구려
北向의 기러기는 모두 갔나보오
南向으로는 예장의 서신이 없소

南流夜郎寄內

夜郎天外怨離居야랑천외원리거, 明月樓中音信疏명월루중음신소.
北雁春歸看欲盡북안춘귀간욕진, 南來不得豫章書남래부득예장서.

759년 봄 유배지로 가는 뱃길은 처량하기만 하다. 나이도 59세이니 젊을 때와는 달리 뱃길은 힘도 들었을 것이다. 부인의 만류를 뿌리치고 永王한테 갔다가 이렇게 되었다. 감옥에 있을 때에도 부인은 자신을 구하기 위해 백방으로 애를 썼다.

지금은 豫章예장(江西강서 南昌남창)에 있는 부인 생각이 간절할 뿐이다. 북으로 돌아가는 기러기도 이제는 보이지 않는데, 남으로 향한 여정에 부인의 소식은 받기 힘들다. 태백은 이때쯤 이미 시인으로서의 명성이 널리 알려져 있기 때문에 가는 곳마다 대우를 받는 편이었다. 하지만 죄인으로 떠도는 상황이라면 부인 생각이 더욱 간절할 수밖에 없었을 것이다.

그런데 백제성을 지날 쯤 태백은 赦免令사면령을 받았다. 태백이 반란을 주도한 것도 아니고, 과거의 知人지인들과 태백의 명성 등이 작용했을 것이라고 보인다. 이제는 배를 돌려 온 길을 다시 내려가게 되었다.

아침에 白帝城을 출발하며

아침에 백제의 오색구름을 나와
천리의 강릉을 하루에 돌아오니
兩岸의 원숭이 울음 그치지 않고
가벼운 배 벌써 만 겹산을 지나네

早發白帝城조발백제성

朝辭白帝彩雲間조사백제채운간,　千里江陵一日還천리강릉일일환.
兩岸猿聲啼不住양안원성제불주,　輕舟已過萬重山경주이과만중산.

백제성은 重慶市중경시 奉節縣봉절현의 백제산 위에 있다. 사면령을 받고 배를 돌려 돌아가는 아침 태백의 눈에 오색구름은 찬란하기만 했을 것이다. 산을 내려와 배를 타고 천리의 강릉을 하루 만에 돌아오는 길이다.

강릉은 湖北省호북성의 荊州市형주시에 있다. 백제성에서 강릉까지는 1200리길이다. 그중 700리길은 삼협을 지나는 협곡이기 때문에 물살이 빠른데다가 순풍까지 받으면 배의 속도는 상당히 빨라질 것이다. 협곡의 양쪽은 높은 절벽이며 많은 원숭이들이 살고 있고 산들이 겹겹이 이어져 있다. 사면을 받은 태백의 마음이 날아갈 것 같으니 배도 가벼워 나는 듯하다.

태백은 만년에 사경을 헤매다 나온 셈이었다. 자신은 나라를 위해 무언가 일을 해보자는 생각이었는데 거꾸로 죄를 뒤집어쓰고 죽을 고생을 한 것이다.

6. 태백의 「臨路歌임로가」

태백은 어찌된 영문인지 다시 부인 곁으로 가지 않고 當塗당도의 현령으로 있는 친족 李陽冰이양빙에게 가서 남은 생애를 의탁했다. 그 사이에 딸 平陽평양은 결혼했으나 바로 죽었다고 전해지고, 아들 伯禽백금은 이쯤에서 태백과 함께 했다고 보인다.

당도에서도 금릉이나 강남 일대를 찾는 태백의 유람은 계속되었다. 결국 762년 62세(763년 63세라는 설도 있음) 태백은 「臨終歌임종가」를 썼다.

임종의 노래

대붕이 날아 세상을 흔들려 하였으나
中空에 부러지니 힘이 닿지 않는도다
여풍을 몰아 만세를 다독이려 하지만
扶桑 가지에 한 쪽 소매가 걸렸구나
후세에 이를 알고 전하려 하련만
공자가 없으니 누가 서러워 하리요

臨路歌임로가(臨終歌임종가)

大鵬飛兮振八裔대붕비혜진팔예, 中天摧兮力不濟중천최혜력불제.
餘風激兮萬世여풍격혜만세, 遊扶桑兮挂左袂유부상혜괘좌메.
後人得之傳此후인득지전차, 仲尼亡兮誰爲出涕중니망혜수위출체?

태백은 젊어서「大鵬賦대붕부」를 지은 일이 있다.『李太白文集이태백문집』의 첫 수로 수록되어 있다. 대붕은『莊子장자』에서 구만리 상공을 날아다닌다는 새다. 태백은 젊어서부터 자신을 대붕으로 비유했다. 천지를 뒤흔들 포부를 키우고자 하였다. 태백은 평생 좌절도 많았지만 이러한 웅지에 대한 미련은 줄곧 간직하고 있었다.

'路'는 '終'의 誤字오자로 본다. 태백은 이제 생을 마감하면서 자신을 날개 꺾인 대붕으로 비유하였다. 황제의 곁까지 갔지만 자신의 꿈을 실현하지 못하고 돌아왔다.

'扶桑부상'은 태양이 떠오르는 곳이다. 나뭇가지에 소매가 걸려 태양은 떠오르지 못했다. 세상의 소인배들이 자신을 잡아내려 날아오르지 못하게 하였다. 이제 공자와 같은 성인은 다시없고 온통 소인배들이니 누가 자신의 죽음을 슬퍼해 하며 자신의 존재를 후세에 전해 주겠는가? 평생 자신을 알아주는 사람을 만나지 못한 것이다.

태백은 자신이 모아놓은 詩文의 草稿초고를 이양빙에게 주어 정리를 부탁했고, 양빙은 이를 묶어『草堂集초당집』이라 한 후 서문에서 태백의 생애와 성취에 대해 소개를 했다. 곧 이어 태백은 이곳에서 永眠영면했다. 양빙은 龍山용산의 동쪽 기슭에 묘를 썼다. 대체로 762년 겨울 즉 태백의 나이 62세였다.

이때 代宗대종이 즉위하여 널리 인재를 등용하면서 태백도 左拾遺좌습유에 임명하였다. 태백이 처음으로 자신의 뜻을 펼만한 관직(翰林待詔는 藝人에게 주는 기능직에 불과하였다)을 받았지만 태백은 이미

이 세상에 없었다. 어쨌든 사후에나마 벼슬을 받아 태백을 李左拾遺라고도 칭한다.

그로부터 거의 두 세대의 세월이 흐른 뒤 憲宗헌종(806-820) 말년에 范傳正범전정이라는 사람이 宣歙觀察使선흡관찰사로 왔는데, 그의 부친 范倫범륜이 태백과 교유가 있었던 것을 알고 태백의 묘를 찾으면서 아울러 후손을 찾았다. 부친을 생각해서 이것이 자신의 의무라고 여겼던 것이다. 그러나 이미 그곳에는 태백의 집안에 대해 아는 사람이 없었다. 3, 4년이 걸려서야 태백의 손녀 둘을 찾을 수 있었다. 그들을 관청으로 불러보니 둘 다 농민과 결혼하여 보통의 시골 아낙 모습이었다. 다만 다소 우아한 기품이 있어 선비 집안의 풍도를 느낄 수 있었다.

그들의 부친 伯禽백금은 아무런 벼슬도 하지 못하고 792년에 작고했고, 오빠가 하나 있는데 집을 나간 지 12년이 넘도록 행방을 모른다 하였다. 기댈 곳도 없고 가진 것도 없어 자신들은 결국 농부에게 시집을 갔다. 아울러 손녀들은 태백이 생전에 靑山청산에 묻히고 싶다는 말을 했지만 형편이 여의치 않아 못했노라 하면서 묘의 移葬이장을 원하였다.

范傳正이 當塗당도의 현령과 힘을 합해 817년 1월 23일 지금의 청산 남쪽으로 이장을 하게 하고, 비석을 세워 스스로 비문(唐左拾遺翰林學士李公新墓碑당좌습유한림학사이공신묘비 · 幷序병서)을 지어 이러한 경과를 기록했다. 지금 태백의 묘는 이렇게 조성되었다.

범전정은 이 두 손녀의 처지가 너무 가련하여 관청의 도움을 받아 이혼을 하고 선비 집안으로의 改嫁개가를 권유하였으나, 두 손녀는 거절했다.

부부간의 도리도 천명이요 인연입니다. 우리가 아주 힘들 때 할 수 없이 천민에게 시집을 갔다가, 지금 다른 사람들의 위력에 의존하여 도움을 받는다면 살아서 혹 편할지라도 죽어서 무슨 면목으로 지하의 조부를 뵈올 수 있겠습니까? 가문을 욕되게 하는 이런 일을 우리는 할 수 없습니다.

夫妻之道命也부처지도명야, 亦分也역분야.在孤窮既失身於下俚재고궁기실신어하리, 仗威力乃求援於他門장위력내구원어타문, 生縱偷安생종투안, 死何面目見大父於於地下사하면목견대부어어지하? 欲敗其類욕패기류, 所不忍聞소불인문.

이백 묘: 제단의 귤과 술잔은 필자가 올렸는데 너무 초라해 오히려 후회가 되었다.

범전정은 듣고 크게 감동을 하여 그들에게 부역이나 잡역 등과 세금의 부담을 줄여주었다.

그 뒤로 843년 2월 秘書省비서성의 校書郎교서랑을 지낸 裵敬배경이 태백의 묘를 찾았는데 무덤은 성묘를 한 지 5·6년은 넘어보였다. 두 손녀는 이미 작고했을 것으로 짐작되었다. 이렇게 태백의 후손은 이어지지 못하고 묘는 지금까지 나라에서 관리하고 있다.

7. 열에 아홉은 여자와 술이었다

王安石왕안석(1021 - 1086)은 "이백의 시는 빠르지만 엉성하거나 빠진 부분이 없다. 그러나 識見식견이 낮아서 열 구절에 아홉 구절은 여자 아니면 술 얘기다(李白詩語迅快無疏脫處이백시어신쾌무소탈처, 然其識汙下연기식오하, 十句九句言婦人酒耳십구구구언부인주이)"라 했다.

전체적으로 보면 실제로는 10퍼센트 정도의 시가 여자와 술을 소재로 하였다 한다. 그러나 비교적 많이 알려진 시를 중심으로 한다면 여자와 술의 비중이 크게 느껴질 수도 있다. 그리고 어쩌면 우리는 그러한 시에서 더 큰 공감을 하는지도 모른다.

태백은 단순히 술을 찬미하는 정도가 아니고 언제나 술을 마셔야 한다는 점을 부각시키려 했다. 태백 자신이 한 평생을 술로 살았다. 사망 원인도 술병으로 알려져 있다. 태백이 영면하던 762년 금릉에서 지은 시이다.

술 앞에서

권컨대 잔을 사양치 마오
봄바람이 웃으며 다가와요
桃李 꽃이 아는 체 하며
나를 향해 꽃을 피우거늘
꾀꼬리 푸른 가지에 울고
명월이 술잔을 기웃거려요
어제는 붉은 얼굴이었건만
오늘은 백발이 무성하군요
석호전에 가시나무 자라고
고소대에는 사슴이 뛰는데
자고로 제왕의 궁전이거나
성궐은 닫혀 먼지가 쌓이니
당신이 술을 마시지 않으면
옛사람이 어찌 편안하리요

對酒대주

勸君莫拒杯권군막거배, 春風笑人來춘풍소인래.
桃李如舊識도리여구식, 傾花向我開경화향아개.
流鶯啼碧樹유앵제벽수, 明月窺金罍명월규금뢰.
昨日朱顏子작일주안자, 今日白髮催금일백발최.
棘生石虎殿극생석호전, 鹿走姑蘇臺녹주고소대.

自古帝王宅자고제왕댁,　　城闕閉黃埃성궐폐황애.
君若不飮酒군약불음주,　　昔人安在哉석인안재재?

봄바람은 얼마나 부드러운가? 바람 따라 피어오르는 각양각색의 꽃들은 얼마나 예쁜가? 꾀꼬리 소리 듣기 좋고 떠오르는 명월은 또 얼마나 아름다운가? 우리의 얼굴은 하루가 다르게 변하고 있는데 지금 무엇을 하는가?

石虎殿석호전은 後趙후조의 武帝 석호(295 - 349)가 지은 궁전이다. 잔혹하기로 이름난 제왕이었다. 姑蘇臺고소대는 492년 吳나라의 夫差王부차왕이 지은 화려한 누대를 말한다. 이들 두 제왕은 백성들을 잡으면서 거대한 건물들을 지었지만 모두가 지금은 폐허로 변해 가시나무가 자라고 사슴이 노니는 곳이 되었다.

우리도 부질없는 짓을 하면서 인생을 허비한다. 소박한 한 잔의 술로 눈앞의 아름다움을 즐기는 것보다 더 중요한 것이 과연 무엇인가? 술을 마시지 않으면 이러한 아름다움을 보기가 어렵다. 마치 제왕의 눈에 쓸데없는 건물이 보이듯 우리도 엉뚱한 것을 보게 되고 욕심을 키우게 된다. 술을 마실 때 비로소 소박해지는 것이다. 태백의 이 시는 지금까지 자신이 어떻게 살아왔는지를 대변하는 듯하다.

건물을 세우기 위해서는 땅을 보아야 하고 설계를 해야 하며 건축을 해야 한다. 우리도 인생의 목표를 정하고 설계를 하며 그리고 열심히 일한다. 과연 무엇을 위해서 그러는가? 부자는 큰 병실에서 죽고 가난한 사람은 작은 병실이나 혹은 집에서 죽는다. 죽는데 큰 병실이라고 위안이 될 일은 없다. 사는데 화려하게 살아야 할 필요도 없다는 논리이다.

태백이 말하는 술은 인생에 필요 없는 욕심을 거두어내자는 의미이다. 석호전 고소대 같은 제왕의 위업도 흔적 없이 사라졌는데, 우리가 무엇 때문에 노심초사하며 바쁘게 허둥대는가?

태백이 말하는 술은 세상을 아름답게 살자는 뜻이다. 바쁜 눈으로 보면 아름다움이 보이지 않는다. 우리는 봄 여름 가을이 어떻게 지나는지 모르게 지난다. 실직자가 아니라면 대부분의 사람들은 술병을 차고 산에 올라 한가하게 자연의 풍광을 즐기지 못한다. 봄이면 軟綠연록으로 뒤덮이고 가을이면 붉은 단풍이 내려앉은 산에서 하루 이틀쯤 보내는 것은 부자나 가난한 사람이나 모두 어렵다. 할 일이 많은 사람들은 싸울 일도 많다. 심한 경우 함께 자란 형제와도 싸우고 더 심한 경우는 자신을 낳아 길러준 부모와도 재물 때문에 싸운다. 술을 마시고 소박하게 사는 사람은 이런 싸움을 할 일이 없다.

태백은 여자에 대해서도 매우 특별했다. 태백은 우리가 흔히 부정적인 뜻으로 말하는 '酒色주색'의 뜻으로 여자를 말하지 않았다. 여성의 처지에서 여성의 아름다움을 나타내고자 하였다. 어리고 발랄한 여성에서부터 나이 들고 힘든 여성에 이르기까지 그들의 내면에 함축된 아름다움을 표현하고자 한 것이다. 왕안석은 어쩌면 이

부분을 놓쳤다고 보인다.

子夜吳歌자야오가 (其一)

진나라의 땅 나부 아가씨
푸른 물가에서 뽕을 따니
흰 손 녹색 가지에 얹혀
붉은 옷은 햇빛에 환한데
누에 굶어 첩은 가야 해요
귀인께서 이러지 마세요

秦地羅敷女진지나부녀,　　採桑綠水邊채상녹수변.
素手靑條上소수청조상,　　紅妝白日鮮홍장백일선.
蠶飢妾欲去잠기첩욕거,　　五馬莫留連오마막류련.

秦地: 陝西省의 중앙지역을 말한다.
羅敷: 예로부터 전해오는 미인의 이름.

其二

경호강 삼 백리 물길에
연꽃봉오리 터지려는데
오월의 서시 연을 따니
구경꾼 강가에 넘어나
달도 뜨기 전 배를 돌려
월나라 왕궁으로 갔다오

鏡湖三百里경호삼백리,　　菡萏發荷花함담발하화.
五月西施採오월서시채,　　人看隘若耶인간애약야.
回舟不待月회주불대월,　　歸去越王家귀거월왕가.

鏡湖: 浙江省 紹興 동남에 있음.
若耶: 역시 소흥에 있는 냇물 이름으로 若耶溪라 한다. 서시가 명주실을 빨았다고 전한다.

其三

장안에 뜬 한 조각 달빛
집마다 다듬이 소리인데
가을바람 다하지 못할 새
항상 마음은 옥관에 가네
언제 오랑캐를 평정하여
낭군의 원정이 끝나려나

長安一片月장안일편월, 萬戶擣衣聲만호도의성.
秋風吹不盡추풍취부진, 總是玉關情총시옥관정.
何日平胡虜하일평호로, 良人罷遠征양인파원정?

玉關: 甘肅省 敦煌縣의 서북쪽에 있는 玉門關.

其四

내일 아침 驛使가 떠나니
하룻밤에 군복 솜을 두고
바느질에 흰 손이 어는데
가위질을 어찌 해야 하나
옷을 지어 먼 길 부치는데
臨洮까지 얼마나 걸리나요

明朝驛使發명조역사발, 一夜絮征袍일야서정포.
素手抽針冷소수추침랭, 那堪把剪刀나감파전도?
裁縫寄遠道재봉기원도, 幾日到臨洮기일도림조

驛使: 옛날 서신이나 물건 등을 전달하는 관리를 말한다.
臨洮: 감숙성 臨潭縣의 서남쪽.

네 계절을 따라 四時歌사시가로 지었다. 春歌춘가로는 뽕잎 따는 여인을 소재로 했다. 나부는 누에를 잘 치는 미인으로도 알려져 있다. 여기서는 단지 뽕잎 따는 여인을 지칭하였다. 아름다운 자태에 지나가는 벼슬아치가 농지거리를 한다. 여인은 이를 정중하게 물리치고 발길을 돌린다. 뽕잎을 따는 여인에게 수작을 거는 것은 옛날에 흔히 있었던 일로 보인다.

여름의 노래는 연꽃으로 시작을 하였다. 여름의 아침이면 연꽃이 화려하게 핀다. 서시가 여기에서 연밥을 따는데 서시가 있다는 소문에 구경꾼이 넘쳐난다. 어쩌면 관청에서 서시를 데려간다는 소문이 났는지도 모른다. 월나라는 오나라한테 전쟁에 패하고 보복을 준비한다. 그때 미인계로 예쁘다 하는 서시를 오나라에 진상하기 위해 서시를 찾았다. 서시는 월나라의 궁전을 거쳐 단장을 한 후에 오나라에 보내졌고, 오나라 부차왕은 서시에 빠져 충신을 죽여가면서 나라를 돌보지 않았다. 결국 오나라는 월나라에 의해 망했다.

가을 노래는 수 천리 밖 변방의 전쟁에 나가있는 남편에게 옷을 준비하는 아낙을 묘사했다. 이제 곧 겨울이 온다. 장안의 그 많은 집이 한밤에도 모두 다듬이 소리로 요란하다. 다듬이질은 본래 하루의 모든 일이 끝나고 나서 하는 일이다. 어두어서도 방안에서 할 수 있는 일이기 때문이다. 겨울옷을 세탁하려면 우선 옷을 뜯어 안의 솜을 꺼내고 무명만 물에 빨고 다시 삶는 과정을 거친다. 그리고 풀을 먹여 다시 다듬이돌 위에 놓고 방망이로 두들겨 옷감의 태를 살린다. 그런 후에 솜을 두고 꿰맨다. 이 모든 공정은 시간과 정성 그리고 솜씨로 이루어지며 그 결과는 옷에 그대로 나타난다.

겨울 노래는 서둘러 옷의 공정을 마치는 아낙의 모습을 그렸다. 미리 준비는 하고 있었지만 驛使역사가 생각보다 일찍 왔는지 모른다. 내일 보내야 할 옷 때문에 아낙은 잠도 못자고 밤을 새워 옷을 짓고 있다. 가난한 집의 겨울 방은 매섭도록 추울 것이다. 바느질에 손가락이 얼어버려 가위질도 힘들다. 그러면서도 남편 걱정이다. 이미 추워진 겨울에 하루라도 빨리 옷이 전해져야 할 텐데 남편이 있는 임조까지는 얼마나 걸리는지 마음이 급하다.

봄의 그리움

연의 풀이 푸를 때쯤이라면
진의 뽕나무 잎이 우거져요
당신이 돌아올 날 생각날 때
첩은 이미 장이 에이고 있어요
춘풍은 내가 알지도 못하는데
어찌 휘장 안으로 불어드나요

春思춘사

燕草如碧絲연초여벽사, 秦桑低綠枝진상저녹지.
當君懷歸日당군회귀일, 是妾斷腸時시첩단장시.
春風不相識춘풍불상식, 何事入羅帷하사입라유?

燕: 河北省 북부 일대인데 여기서는 북부의 변방지대를 말하였다.

봄의 그리움은 특별하다. 대부분의 생물이 봄이 되면 짝을 찾는다. 옛날에는 봄이 되면 전쟁도 그치고 병사들은 돌아와 농사를 지었다. 농경사회에서 농사를 짓지 않으면 전쟁에 이겨도 식량이 없게 된다. 이래저래 집에 있는 아낙은 봄이면 남편이 돌아온다는 기대에 그리움은 더하는 것이다.

낭군이여 당신이 있는 하북성 북부 지방에 지금 풀싹이 돋았나요? 첩이 있는 이곳 장안 지역에는 이미 뽕잎이 우거졌어요. 당신이 집 생각을 할 때쯤이면 나는 벌써부터 단장의 그리움으로 가슴이 타고 있는 중이었습니다. 나와 봄바람은 서로 알지도 못하는 사이인데 내방의 휘장 안으로 불어 들어와 내 마음을 더 흔들고 있어요.

북쪽 변방은 아무래도 봄의 소식이 늦다. 그것을 서로의 그리움에 비유하였다. 그곳은 이제 겨우 싹이 트듯 당신도 이제야 집 생각을 하고 있겠지만, 나는 뽕에 잎이 돋기도 전부터 이미 무성해진 지금까지 단장의 아픔으로 당신을 기다리고 있다는 의미이다.

당시의 병사들이라면 20대 초중반의 젊은이들일 것이다. 결혼한 지 얼마 되지도 않아 징집되어 여인은 기나긴 겨울밤을 홀로 지내왔다. 먹고 사는 것도 문제일 것이고 특히나 젊은 여인 홀로 사는 어려움은 한두 가지가 아닐 것이다.

미운 정

미인이 주렴을 거두어 올려
깊이 앉아 미간을 찡그렸네
다만 눈물 자국이 보이는데
누구 원망하나 알 수 없네

怨情원정

美人捲珠簾미인권주렴,　　深坐顰蛾眉심좌빈아미.
但見淚痕濕단견루흔습,　　不知心恨誰부지심한수?

여기에서의 미인은 예쁜 여자를 지칭한 것은 아니다. 여인이 거처하는 곳에 단정하게 앉아있는 여인을 말했다. 규방에 앉아있는 여인이라면 모두가 아름다운 것이다.

그런데 얼핏 보니 눈에 눈물자국이 보인다. 밖의 세상과 격리된 깊숙한 내당에서 가슴 속에 서린 한을 어찌하지 못하고 눈물짓고 있다. 여인들은 대체로 가옥의 맨 안쪽으로 생활공간이 제한되어 있다. 한 평생의 보람이나 즐거움도 대체로 한 남자에 달려 있다. 태양이 비치며 맑고 좋은 날로 많겠지만 궂은 날도 많을 것이다. 제한된 공간에서 한 남자를 바라보며 사는 여인들의 가슴 속에 한이 없을 수 없다.

「春思춘사」와 「怨情원정」은 태백이 43세 때 즉 태백이 翰林供奉한림공봉으로 장안에 있을 때 지었다고 보인다. 태백은 자신의 기대와 달리 황제의 엷은 관심에 대한 실망을 여인들의 처지에 대한 공감으로 표현했는지도 모른다. 관직에 뜻을 둔 선비라면 오직 황제만을 바라보며 한 평생을 살아가는 것이다.

세상을 살아가기 위해서는 세상과 어울리는 지혜가 필요하다. 공자는 윤리의 틀을 마련해주어 사람들이 평화롭게 살아갈 수 있는 방법을 제시했다. 누구나 자신의 심성을 닦으면서 사회에 대한 공동체 의식을 함양한다면 개인과 사회가 무난하게 살아갈 수 있다. 적어도 우리는 이러한 이성적 판단으로 모두의 안녕을 도모한다.

그러나 군대에 징집된 남편이 돌아오지 않을 때, 세상에서 가장 가까운 사람과 사별을 했을 때, 가난에 쪼들려 아이들의 밥걱정을 해야 할 때, 나이가 늦도록 결혼을 하지 못할 때 등등 살다보면 아무에게 말도 할 수 없는 어려움에 부딪힐 때도 많다. 그러나 이처럼 해결 방법이 없는 어려움 앞에서 우리의 이성은 단지 답답하기만 할 뿐이다.

어찌 보면 사람의 한 평생은 이성보다 감성이 더 비중이 클지도 모른다. 남녀의 사랑처럼 직관적인 판단이 인생의 향방을 가르기도 한다.

술은 감성을 순화하기도 하고 자극하기도 한다. 술은 세상을 보는 눈을 부드럽게 한다. 태백은 그 많은 절망 속에서도 술을 통해 안위를 받았고 다시 우리는 태백을 통해 안위를 받는다.

술로 망하는 사람도 있지만, 현대인이 못 먹어서 생기는 병보다 너무 먹어서 생기는 병이 훨씬 많다는 것을 생각하면 술을 많이 마셔 망하는 사람은 사람이 문제인 것이다. 즉 음식이나 술은 똑같이 우리에게 귀한 것이다. 다만 활용을 잘못하면 똑같이 위험할 수도 있다.

태백의 시에 여인이 많이 나온다면 그것은 태백이 여인에게서 편함을 느꼈기 때문일 것이다. 여자는 사람을 낳고 기른다. 남자의 처지에서 여자는 생의 고향인 것이다. 여자에게서 쉬고 싶어한다.

태백 본인은 날개 부러진 대붕에 비유했지만 그의 날개는 부러지지 않았다. 그는 政界정계에 포부를 키웠지만 막상 정계로 나갈 준비를 해본 일이 없다. 당나라 때는 과거제도가 이미 제도로 완비된 때였다. 천거라는 제도도 있었지만 일반적으로 벼슬을 하려면 과거시험을 거친다. 태백은 준비는 고사하고 이러한 생각조차 해본 일이 없다.

태백은 무엇보다도 한 곳에 박혀 있거나 고정된 틀 속에 갇힐 수 없는 인물이었다. 태백은 정형시(律詩율시)보다는 비교적 자유로운 古詩體고시체를 좋아했다. 시간적으로는 古今을 오르내리고, 공간적으로는 발길 닿는 곳에 제한이 없었다.

태백은 謫仙人적선인으로 세상에 와서 세상 속의 성인이 되었다. 공자는 이성적인 세계의 성인이었다. 공자는 가치의 규범을 체계화하여 우리가 살아가는 방도를 제시했지만, 태백은 우리가 힘들 때 안위를 얻을 수 있는 편안함을 제공했다.

이백기념관: 태백이 만년을 이곳에서 보내고 작고했기 때문에 여기에 기념관을 세웠다.

참고문헌

安旗 主編,『李白全集編年注釋』, 巴蜀書社出版, 成都, 1990.
瞿蛻園 朱金城 校注,『李白集校注』, 上海古籍出版社, 上海, 1980.

부록.
한시의 원류

1. 중국 최초의 노래가사 모음집 -『詩經』

약 2500년 전孔子의 시대에 3000여 수의 노래가사가 전해지고 있었다. 이렇게 많은 노래가사는 물론 앞의 시대에 수집된 것이었다. 周나라에서는 민간에서 유행하는 노래를 수집하기 위해 '行人'이란 벼슬을 두었고, 봄이 되어 사람들이 농사를 시작하면 行人은 木鐸목탁(추를 나무로 만든 큰 방울)을 울리며 길을 나서 노래를 수집(采詩채시)했다. 즉 관청에서 노래를 수집 및 정리를 하였던 것이다.

공자는 이를 다시 정리하여 300여 수로 줄였는데, 이 모음집이 후대의 『詩經시경』이 되었다. 우리가 흔히 '詩歌시가'라 하는 것은 본래 노래의 歌詞를 의미하는 '詩'와, 그리고 曲을 뜻하는 '歌'가 합쳐진 합성어였다. 그러나 옛날의 曲은 사실상 단절되었기 때문에 지금의 詩歌는 단지 詩 즉 가사만을 지칭하게 되었다. 이렇듯 『詩經』

은 中國에서 가장 오래된 詩歌의 모음으로 총 305首인데, 대체적으로 西周의 초기(B.C. 11세기)에서부터 春秋中葉춘추중엽(B.C. 6세기)까지 약 500년간에 걸쳐 지어진 노래라고 본다.

왜 노래 수집을 하였는가? 노래 수집의 목적은 天子가 세상 돌아가는 것을 보고 아울러 나라 정책의 득실을 살펴 이를 나라의 경영에 반영하고자 한 것이었다(古有采詩之官고유채시지관, 王者所以觀風俗왕자소이관풍속, 知得失지득실, 自考正也자고정야.『漢書 · 藝文志』). 사람들은 남녀 간에 원한이 있으면 서로 노래로 호소하고, 배고픈 사람들은 먹을 것 타령을 하며, 힘든 사람은 그 힘든 일을 읊는 것이 人之常情인지상정이었다. 따라서 노래를 모으면 자연히 民情민정을 알 수 있었다.

다만 이런 일은 어려운 일이 아니기 때문에 남는 노동력을 활용한 것으로 보인다. 즉 60세가 넘은 남자와 50이 넘은 여자 중에서 자식이 없는 사람을 골라 시켰는데, 이는 불행한 사람들에 대한 배려도 되겠지만, 이렇듯 불행한 사람이 세상의 어려운 곳을 더 잘 볼 수 있다는 뜻으로도 보인다.

노래가사의 모음집에 '經'字가 붙은 연유는 孔子 때문이라고 볼 수 있다. 즉 공자가 당시의 많은 가사 중에서 중복이 되거나 번다한 부분을 버리고 禮義예의의 규범에 알맞은 가사만을 가려 뽑은 것이 305수였다. 또한 공자는 이 가사 모두에 직접 곡을 붙여 옛날의 훌륭했던 음악의 음률에 맞추었다. 아울러 "詩書禮樂시서예악"으로 학생들을 가르쳤으니 공자는 이 노래가사를 아예 학습교재로 사용한 것이다.

공자는 詩三百시삼백을 한마디 '無邪무사'로 압축하면서 이를 정서적인 教化교화(지금으로 말하면 인성교육)의 교재로 가장 중시하였다. 아울러 자신의 아들에게 시를 모르면 말도 할 수 없음을 일깨워 주기도 했다. 공자가 시를 이렇듯 크게 중시하였고 후대 유학에서도 시를 따랐기 때문에 이로부터 노래모음집이 자연스럽게 경전으로 존숭되었다고 볼 수 있다.

『詩經』은 風풍 · 雅아 · 頌송이라는 세 부분으로 편집되어 있고, 세 종류의 성격은 크게 다르다.

'風'은 十五國風으로 곧 15개 제후들의 나라에서 유행하던 노래를 채집한 것이다. 따라서 가장 순수한 민간인의 노래라 할 수 있다. 305수 중에서 160수로 절반이 넘는다. 여기에서 '風'이라 함은 마치 바람이 불면 초목이 흔들리듯, 민간에 불어 사람들을 흔드는 바람에 비유한 '俗風속풍'을 뜻한다. 즉 노래는 처음에 개개인의 정서적 표출로 불리다가 점점 공감대를 넓히면서 일종의 속풍을 형성하는 것이다. 문자 그대로 각 지역의 바람이라 할 수도 있다.

'雅'는 '바르다(正)'의 뜻으로 즉 風이 각 지역의 향토적인 노래라면 雅는 중앙의 바른 음률로 된 노래라는 뜻이다. 즉 朝廷조정의 음악인데, 君臣間군신간의 朝會조회에서 사용된 '大雅'와 宴會연회에서 사용된 '小雅'로 나뉘어 있다. 모두 105수이다.

'頌'은 頌歌송가 즉 宗廟종묘의 음악으로 제사에 사용된 노래이다. 이는 춤과 함께 불린 노래로 보인다. 「周頌주송」·「魯頌노송」·「商頌상송」 셋으로 나뉘어 있고 모두 40수이다.

지금의 『十三經注疏십삼경주소』 중 『詩經』은 子夏자하로부터 전해졌고, 이를 다시 西漢서한 魯노(지금의 河北河間縣하북하간현)의 사람인 毛亨모형이 『毛詩古訓傳모시고훈전』을 지어 그의 학생 毛長모장(萇장)에게 전해준 것이라 한다. 그래서 세간에서는 毛亨을 大毛公이라 하고 毛長을 小毛公이라 하였으며, 『毛詩古訓傳모시고훈전』은 줄여서 『毛詩』라고도 한다.

이어서 東漢동한의 鄭玄정현(127 - 200)이 『毛詩古訓傳모시고훈전』에 대한 주석서로 『毛詩箋모시전』을 지었다. 여기에 다시 唐당의 孔穎達공영달(574 - 648)이 『毛詩正義모시정의』를 지어 위의 傳과 箋에 대한 疏소를 붙여 상세한 해설을 하였다. 이로써 공자의 사상을 계승한 전통 유학자들의 『詩經』學이 완성되었다고 볼 수 있다. 후에 宋의 朱熹주희(1130 - 1200)를 비롯하여 淸代에 이르기까지 수많은 주석서가 더 나왔다. 대체로 위 세 종류의 주석에 대한 부연 설명이거나 혹은 비판이었다.

현대의 『詩經』學은 전통 유학의 해석에서 벗어나 『詩經』의 원문 자체를 중시하고 이를 직접 해석하고자 한다. 그러나 이러한 접근 방법은 한계가 없을 수 없다. 즉 공자의 편집 이후 이미 최소 2500년이 경과한 지금 단순한 字句 해석으로 당시의 의도나 의미를 정확하게 파악할 수 있다고 보기는 어려울 것이다.

따라서 『詩經』의 이해는 그로부터 시대적으로 가까웠던 주석서의 해석을 바탕으로 접근하는 것이 합리적이라고 본다. 즉 공자의 특별한 의도가 투영된 노래의 모음집으로 시작된 『詩經』은 공자를 존숭하는 유학자들의 해석이 좀더 原意원의에 가깝다고 볼 것이다. 아울러 현대의 『詩經』 연구나 번역이 대체로 전통적인 해석을 무시하고 시 자체의 字句 해석을 바탕으로 하는 풍조는 별로 바람직하게 보이지 않는다.

2. 「關雎관저」

「關雎」 시는 어쩌면 가장 오래되고 또 가장 많이 읽히고 가장 널리 알려진 시일지 모른다. 『詩經』 305수 중에서 공자는 이 시를 맨 앞에 두었으며 또 그만큼 강조를 했다. 그러나 이 시는 해석에서부터 난해하여 과연 어느 시대에 이 시가 제대로 이해되었는지 알 수가 없다. 여기에서는 毛亨모형의 傳전과 鄭玄정현의 箋전 그리고 孔穎達공영달의 疏소를 중심으로 하여 「關雎」 詩의 내용을 살펴보도록 한다.

關雎관저

구욱구욱 징경이 강 모래톱에 있네
요조숙녀이어야 군자의 좋은 짝인데

들쑥날쑥 행채 좌우에서 함께 따거니
요조숙녀라면 자나 깨나 찾고 있거니

찾아도 찾지 못해 자나 깨나 생각커니
멀고 아득하여라 앞뒤로 뒤척거릴 뿐

들쑥날쑥 행채 좌우에서 함께 따거니
요조숙녀가 오니 금슬로 맞이하리라

들쑥날쑥 행채 좌우에서 함께 고르며
요조숙녀를 맞아 鐘鼓로 즐겁게 하리

1. 關關雎鳩관관저구, 在河之洲재하지주.
2. 窈窕淑女요조숙녀, 君子好逑군자호구.
3. 參差荇菜참치행채, 左右流之좌우류지.
4. 窈窕淑女요조숙녀, 寤寐求之오매구지.
5. 求之不得구지부득, 寤寐思服오매사복.
6. 悠哉悠哉유재유재, 輾轉反側전전반측.
7. 參差荇菜참치행채, 左右采之좌우채지.
8. 窈窕淑女요조숙녀, 琴瑟友之금슬우지.
9. 參差荇菜참치행채, 左右芼之좌우모지.
10. 窈窕淑女요조숙녀, 鐘鼓樂之종고락지.

1. 關關雎鳩관관저구, 在河之洲재하지주.

'關雎'라는 篇名편명은 시의 첫 구절에서 따온 것이다. 『詩經』의 篇名은 모두 이렇게 붙여진 것이다.

이 첫 두 구절은 江 가운데의 沙洲사주에 보이는 한 쌍의 새를 묘사한 것으로 后妃후비의 덕을 칭송하는 뜻이라 했다. 「毛傳모전」은 특히 이 구절이 이 詩'의 주제를 암시하는 '興흥'의 기이라 했다. '關關관관'은 '和聲화성' 즉 암수 한 쌍이 서로 정겹게 주고받는 지저귐을 나타낸 擬聲語의성어로, 숙녀와 군자가 서로 잘 어울리는 것을 의미하였다고 보았다.

또 이 새들은 암수가 서로 일정한 거리를 두고 따르는 특성이 있으니 숙녀와 군자의 분별을 암시한 것으로 보았다. 즉 后妃는 君子의 德덕을 흠모하여 '和諧화해'하지 않음이 없으니 곧 자신을 드러내지 않고 幽深유심한 곳에서 나오지 않음이 마치 關雎의 분별과도 같으며 이로써 천하를 교화한다고 했다. 즉 情意정의가 두터워도 서로 분별이 있어야 함을 강조한 것이다.

다시 말해 夫婦가 有別해야 父子의 親함을 기대할 수 있고, 父子의 친함이 이루어진 후에 君臣이 공경할 수 있으며, 군신의 공경이 이루어진 후에 朝廷이 바르게 될 수 있고, 조정이 바르게 된 후에 왕의 교화가 이루어진다는 의미이다. 夫婦有別은 곧 자녀의 심성을 순수하게 하여 孝誠을 이끌어내고 이러한 효심이 곧 왕의 교화에 바탕이 된다는 논리이다.

'雎鳩저구'는 '王雎왕저'라 했는데 우리나라에서는 흔히 징경이 혹은 물수리로 번역했다.

2. 窈窕淑女요조숙녀, 君子好逑군자호구.

둘째 聯에서의 '窈窕淑女'는 후비가 찾고 있는 이상적인 여성상이다. 이는 곧 후비의 덕을 기준으로 한 여성상이기도 하다. '窈窕'는 '幽閒貞專유한정전'으로 해석했다. 이는 雎鳩저구로 암시한 덕성이며, 이러한 덕을 지닌 후비의 여성상은 군자(君王)의 배필이 되기에 적당함을 말한 것이다.

'幽閒'은 깊은 곳에서 閒靜한정하게 지낸다는 뜻으로 후비가 전면에 나타나지 않고 深宮심궁에 물러나 있는 것을 말한다. 즉 자신의 존재를 드러내 군왕의 총애를 차지하려 하지 않는다(不淫其色불음기색)는 의미를 암시한 것이다.

'貞專'은 오직 군왕만을 위하는 곧고 굳은 마음 즉 一片丹心일편단심을 뜻한다. 后妃는 군왕을 위해 다른 여인(嬪御빈어)들에게 질투하지 않고 오히려 그들의 불만을 다독이며 언제나 '和諧화해'의 덕을 실천한다는 의미이다. '淑女'는 '善女선녀'라는 의미이다.

이처럼 '窈窕'는 '淑女'가 거주하는 처소(深宮)나 그 태도를 나타낸 것으로 보았다. 揚雄양웅은 '窈'는 '善心'이라 했고, '窕'는 '善容선용'이라 했는데, 이럴 경우 '善女'를 뜻하는 '淑女'와 의미가 중복된다. 孔穎達공영달은 '窈窕'를 깊은 처소에서 얌전하게 거주하는 것이라 했다.

3. 參差荇菜참치행채, 左右流之좌우류지.
4. 窈窕淑女요조숙녀, 寤寐求之오매구지.

이 장은 자나 깨나 요조숙녀를 구하는 후비의 心鏡심경을 나타냈다. 후비에게 있어서 요조숙녀는 두 가지의 공통적인 직분을 나누는 사이이다. 첫째로 같은 군주를 섬기는 일이며, 둘째로는 內事내사를 꾸려야 하는 일이다.

여기에서는 祭祀제사를 준비하면서 후비가 자신의 同伴동반으로서의 요조숙녀를 그리는 마음을 나타냈다.

첫 聯은 祭物제물에 쓰일 행채를 찾는 과정이다. 즉 행채는 물위에 들쑥날쑥(參差然不齊참치연불제) 솟아 있다. 이러한 행채를 채취하는 것은 后妃 혼자서 하는 것이 아니고 左右좌우에 嬪妾빈첩들이 함께 도와서 하는 것이다. '荇'은 '接余접여'라고도 하며, '流'는 '求'한다는 뜻으로 보았다.

'寤寐'는 후비가 寤寐不忘오매불망으로 자신의 직분을 함께 할 賢女현녀를 찾는 마음을 나타낸 것이다. '寤'는 '覺각' 즉 깨어있는 것을 말하고, '寐'는 '寢침' 즉 자는 것을 말한다. 후비는 三夫人 九嬪구빈의 도움을 받으며 宗廟종묘의 제사에 쓰일 荇菜를 준비하면서 자신의 동반으로서의 숙녀를 찾는 것이다.

5. 求之不得구지부득, 寤寐思服오매사복.
6. 悠哉悠哉유재유재, 輾轉反側전전반측.

后妃가 賢女를 구하려 해도 구하지 못하여 자나 깨나 一念으로 생각하는 것을 말하였다. 아울러 "悠哉悠哉, 輾轉反側."은 후비의 이러한 간절한 思念사념이 지극히 깊음을 형용한 것이다. 다만 『鄭箋정전』은 賢女를 구하지 못해 자나 깨나 자신의 직분을 누구와 함께 할 것인가를 생각하는 것이라 하였다.

7. 參差荇菜참치행채, 左右采之좌우채지.
8. 窈窕淑女요조숙녀, 琴瑟友之금슬우지.

행채가 있는 곳을 찾았고 좌우 嬪御빈어들의 도움을 받으며 행채를 채취한다.

『毛傳모전』은 "금슬로 벗하며 반길 것이라"고 하였다. '友'라 함은 벗처럼 가까이 한다는 뜻이다. 행채를 이미 마련하였고 嬪御들이 즐거이 좌우에서 도와주니, 후비의 감화를 받아 화친하지 않음이 없었다. 고로 행채를 올릴 때에는 금슬의 음악을 연주하니 요조숙녀를 반기는 의미가 내포되어 있다. 그 性情성정의 화합이 위아래로 서로 화친하니 금슬의 음악과 상응하며 어그러짐이 없고, 금슬로 가까이 하려 함은 마음과 뜻이 함께 하기 때문에 금슬로 벗한다고 하였다. 琴瑟은 가녀린 음악이어서 和親화친을 나타냈고, 鐘鼓는 큰 음악이어서 끝에서 말하여 聖德성덕을 드러냈다고 했다.

9. 參差荇菜참치행채, 左右芼之좌우모지.
10. 窈窕淑女요조숙녀, 鐘鼓樂之종고악지.

'芼'는 '擇택'의 뜻으로 행채를 골라내는 것이다.

『毛傳모전』은 聖德성덕을 갖춘 숙녀를 鐘鼓종고의 음악으로 맞이할 것이라는 뜻으로 보았다. 즉 假說가설이라는 뜻이다.

그러나 『鄭箋정전』은 琴瑟은 堂당에 있고 鐘鼓는 뜰에 있는데, 행채를 올릴 때 상하의 음악을 모두 연주하니 의식의 성대함을 뜻했다 했다.

『正義정의』는 이를 좀 더 구체적으로 설명했다. 즉 后妃가 숙녀를 감화시켜 함께 행채를 준비하여 宗廟종묘에 제사할 때, 상하의 음악이 동시에 울려 숙녀가 올리는 禮를 성대하게 하였다는 뜻이다. 음악이 신을 중심으로 하는 제사음악이지만 행채를 올리는 것이어서 숙녀를 칭송하는 것으로 본 것이다.

3.「關雎」시의 문화적 배경

이 시를 이해하려면 당시의 문화나 풍속 등을 먼저 이해해야 한다. 당시의 남녀관은 지금과는 너무 크게 달랐으며, 특히 궁중에서의 제도는 현대인이 이해하기 어려운 부분이 많다.

周나라 때의 정치는 크게 '外治외치'와 '內治내치' 두 가지로 나뉘었다. 제왕은 나랏일을 三公삼공 六官육관의 행정조직으로 편제하여 분담을 시켜 다스렸다. 이러한 행정조직은 남성에 대한 교화를 밝혀 사회의 화목을 꾀하였으며, 이를 통해 나라의 질서와 안녕을 도모하였다. 이것이 천하의 外治이다.

后妃(皇后황후)는 三夫人과 六宮을 두어 九嬪, 二十七世婦, 그리고 八十一元士(御妻어처)를 다스렸다. 즉 후비도 제왕의 행정조직과 유사한 조직으로 궁내 여인들의 세계를 다스린 것이다. 후비는 이들 여인들을 육궁에 나누어 거처하게 하면서 모두에게 여인으로서 순종의 덕을 밝혀 천하의 여인들을 모두 화목하게 하고 가정마다 원만해지도록 한다는 것이다. 이것이 內治이다.

제왕은 만백성의 頂點정점에 있으면서 아울러 만백성에 대해 남성으로서의 상징의 의미를 지닌다. 제왕은 인격과 덕망에 있어서 최고의 기준을 제시하고 아울러 남자로서의 상징적인 역할도 해야 한다. 세상의 이치는 陰陽음양으로 나뉘어 있고 제왕은 陽의 일을 도모해야하기 때문이다.

후비는 여성의 세계에서 정점에 있고, 여성으로서의 상징적인 의미를 지닌다. 후비는 여성으로서의 최고 가치 규범을 보여야 하고 아울러 陰의 일을 도모해야 한다.

당시의 정치는 현대와 근본적으로 다르다. 현대는 法制법제의 물리적인 힘으로 국민의 행위를 제한함으로써 사회의 안녕을 도모한다. 그러나 제왕은 물리적 힘보다 자신이 규범의 근본을 보임으로써 백성을 감화시켜 스스로 따르도록 하는 것이었다. 그래서 기본적으로 남성은 天子의 교화를 받고 여성은 후비의 교화를 받는 구조였다.

「毛詩序」는 "관저는 후비의 덕이다(關雎관저, 后妃之德也후비지덕야.)"로 序頭서두를 열었다. 이는 곧 「關雎」의 주제를 한마디로 집약한 것으로 보인다. 즉 「關雎」편은 '后妃의 德'을 칭송한 詩라는 의미이며 이러한 시각은 『毛傳모전』과 『鄭箋정전』 그리고 『正義정의』 모두 공통적이다.

'后妃의 덕'은 구체적으로 陰음의 가치를 실현하는 것이며 아울러 여성의 최고 가치 규범이라 할 수 있다. 이를 한마디로 한다면 순종의 덕이라 할 수 있다. 생명이 생기는 양의 기운으로 시작된 것이다. 다시 말해 태양이 있고나서 태양계가 형성되고 이로부터 생명이 생겨났다. 생명은 음의 기운으로 자라나며 生長을 한다. 땅은 음의 기운이 집적된 것이며 모든 생물이 땅(지구) 위에서 생장을 한다. 그러나 사계절을 주도하며 생명의 주기를 결정하는 것은 양기 즉 태양이다. 이에 비해 땅은 태양의 빛을 받아 생명을 키운다. 땅은 빛이 강하면 강한 대로, 약하면 약한 대로, 폭풍이 오거나 눈보라가 치더라도 그런대로 순응을 하며 생물을 키운다. 이것이 땅의 順理이다. 아울러 이것이 여성에게 있어서 순종이 미덕이 되는 근거이다. 후비의 덕은 바로 이러한 순종의 미덕을 말한 것이다.

內治는 음으로 양을 보좌하는 의미가 있다. 사람에게 있어서 남녀는 음양의 근원이며 아울러 이 둘이 합하여 인륜의 시작을 이룬다. 인륜의 시작이란 人事인사의 기본이 된다는 의미이다. 그래서 성인은 준칙을 만들 때는 천지를 본원으로 하고 음양을 시작으로 하였다. (『禮記 · 禮運』)

후비가 나라의 여성들에게 여성 상징의 의미를 지닌다는 점에서는 제왕과도 동등한 지위를 갖고 궁 안의 여성들을 다스린다. 하지만 후비도 제도로 부여된 직위라는 의미에서는 제왕의 신하가 된다. 나라의 재상들은 끊임없이 제왕에게 나라의 인재를 찾아 천거할 책무가 있다. 이것은 후비도 마찬가지이다. 三夫人과 六宮의 九嬪구빈, 二十七世婦, 그리고 八十一元士(御妻어처)가 있으니 이들의 천거를 후비가 관장하는 것이다.

楚나라의 莊王장왕 부인 樊姬번희는 좀 늦게 돌아온 왕을 맞이하였다. 왕은 沈 令尹(官名관명)과 국사를 논하다 늦었다 하니 부인이 입을 가리고 웃었다. 왕이 웃는 이유를 묻자 부인이 대답했다.

"첩(妾; 자신을 겸허하게 지칭하는 말)이 왕을 모시면서 수건과 빗을 받쳐 들어 목욕 시중을 들고 침구를 정리해온지가 벌써 11년이 되었어요. 그동안 첩은 梁과 鄭나라에 사람을 보내 미녀를 찾아 왕께 추천을 했어요. 그중에 첩과 같은 위치에 오른 사람이 열 명이었고, 첩보다 더 위에 오른 여자도 두 명이 있었어요. 첩이라고 어찌 왕의 총애를 독점하고 싶은 생각이 없었겠나요. 감히 개인적인 사욕으로 많은 미인들을 가려놓을 수가 없었고, 단지 왕께서 많은 미인을 보시고 즐거워하시기를 바랐을 뿐이었습니다. 지금 심영윤은 재상에 오른 지가 이미 여러 해가 되었는데, 인재를 천거하고 무능한 사람을 축출하는 것을 보지 못했으니 어찌 충신이라 할 수 있겠어요?"

『漢詩外傳 · 卷二』

왕은 이튿날 심영윤에게 번희의 말을 전했다. 심영윤은 스스로 자리를 물러나고 孫叔敖손숙오를 천거했는데, 손숙오는 재상이 된지 3년 만에 초나라를 覇國패국(제후국 중에서 가장 강한 나라)으로 신장시켰다.

이러한 배경에서 「關雎관저」 시를 본다면 고대 儒家유가들의 전통적인 해석이 이해될 만하다. 오히려 현대 학자들의 해석에 무리가 많다는 것을 알 수가 있다. 현대의 해석은 대부분 요조숙녀를 찾는 주체가 군자로 보고 있다. 그러나 당시 군자가 직접 요조숙녀를 찾는 일도 없었으며, 무엇보다 결혼은 본인 당사자들이 직접 나서지 않는 시절이었다는 점을 무시할 수 없다.

淸청의 姚際恒요제항(1947 - 約1715)도 자신의 지위를 다른 여자에게

내주면서도 질투를 하지 않는다는 것은 情理정리에 맞지 않는다 했으나, 후비의 덕이 바로 이러한 개인적인 사욕을 버리고 여성으로서의 가장 고귀한 모범을 보였다는 의미에서 칭송의 대상이었던 것이다.

특히 마지막 구절 '鐘鼓樂之'를 결혼 의식을 나타내는 음악쯤으로 보는데, 당시 결혼에는 음악을 사용하지 않았다. 즉 결혼식의 음악이 될 수가 없는 것이다. 결혼은 여자를 맞이하는 의식이기 때문에 陰음의 기운이 내려앉는 昏時혼시(저녁 해질 무렵)를 택해서 親迎禮친영례를 행하며, 음악은 陽양에 속하여 음의 기운을 저해할 수 있기 때문에 음악을 사용하지 않는다.

후비는 궁 안의 여인들 모두를 자신의 아름다움을 내세우며 사욕을 탐하지 않도록(不淫其色불음기색) '和諧화해'로 다독이며 제왕에게 陰음의 역할을 다하도록 배려를 하는 것이다. 이것을 후비의 덕이라 한 것으로 보아 무방할 것이다.

305수의 시를 편집하면서 「關雎」를 가장 앞에 둔 이유는 명확하다. 사람이 태어나 생로병사의 과정을 거치는 것은 자연의 이치에 따르는 것이지만, 사람은 태어나는 순간 사회생활을 하게 되어 있다. 공자 이전부터 사회는 국가의 작은 단위였으며, 국가는 천자를 중심으로 조직되어 있었다.

천자는 단순한 통치자가 아니고 덕으로 백성을 다스리는 절대인 격자라야 했다. 그래서 천자는 모든 백성의 중심이며 아울러 남성으로서의 상징이기도 했다. 이에 비해 황후는 모든 여성의 화목을 이끌어가는 여성으로서의 절대인격자이고 아울러 나라 안 모든 여성의 상징이었다.

천자와 황후가 자신들의 역할을 훌륭하게 수행을 하면 황궁은 물론 나라 안의 모든 가정이 화목해지고 아울러 나라의 평안이 실현되는 것이다.「關雎」시는 바로 이에 대한 천자와 백성들의 염원을 담은 노래였던 것이다.

참고문헌

十三經注疏整理委員會 整理,『毛詩正義(十三經注疏)』, 北京大學出版社, 北京, 2000.

十三經注疏整理委員會 整理,『禮記正義(十三經注疏)』, 北京大學出版社, 北京, 2000.

韓嬰 著,『詩經要籍集成1·韓詩外傳』, 學苑出版社, 北京, 2002.

班固 撰,『漢書』, 中華書局 影印, 北京.

姚際恒 撰,『詩經要籍集成26·詩經通論』, 學苑出版社, 北京, 2002.

찾아보기

ㅅ

ㅈ

ㅊ

ㅌ

ㅍ

ㅎ

김세환

충남 부여 출생
한국외국어대학교 중국어과 졸업
臺灣 輔仁大學中文硏究所 석사
한국외국어대학교 대학원 중국어과 박사
부산대학교 중문과 교수

저서

『끝나지 않는 식민지 학문 100년』(2004. 박이정)
『천자문으로 중국 읽기』(2012. 이담북스)
『맹자 읽기』(2013. 세창)
『서울대와 인문학』(2013. 신아사)

논문

『周易의 文學的 硏究』 외 다수

나의 한시 답사 이야기

초판1쇄 발행 _ 2014년 12월 30일

저　자 · 김 세 환
발행인 · 정 현 걸
발　행 · 신 아 사
인　쇄 · 예지인쇄
주　소 · 서울특별시 은평구 통일로 59번길 4 (2층)
전　화 · (02) 382-6411　팩 스 · (02) 382-6401
홈페이지 · www.shinasa.co.kr
E-mail · shinasa@daum.net
출판등록 · 1956년 1월 5일 (제 9-52호)

ISBN : 978-89-8396-881-4-(93820)

정가 12,000원